KB143355

경敬이란 무엇인가

경敬이란 무엇인가

내면의 깨달음을 위한 유학적 열망

신창호 지음

글항아리

30년 가까운 시간이 흐른 것 같다. 학문의 길에 본격적으로 들어서면서 여러 선생으로부터 한창 동양학 수련 지도를 받고 있을 무렵, 『성리대전性理大全』의 「학學」 편을 읽으며 경敬의 문제를 심각하게 고민한 적이 있었다. 그 후로 지금까지 여유가 될 때마다 경 공부에 관한 글을 쓰기도 했다. 공부를 할 때마다 등장하는 용어나 개념들은 미묘한 차이가 있는 듯하면서도 거의 동일한 의미로 인식되었다. 그만큼 경에 대한 연구가 미흡했고 그것을 이해하는 시선이나 성찰이 부족했기 때문이리라.

『논어論語』의 '수기이경修己以敬'과 '거경居敬', 『주역周易』의 '경이직내敬以直內' 그리고 성리학의 '주일무적主一無適'을 마주할 때마다, 경이 학문의 중핵이라는 언표는 찾아냈으나, 그때마다 경의 속살을 깊이 파고들지 못한 느낌은 지울 수 없었다. 이는 순전히 나 자신의 학문적 역량이 부족하고, 경에 대한 탐구가 진지하지 않았기 때문이다.

그런 가운데 의문은 계속되었다. 물론 공부가 진행될수록 상당 부분 체득한 것도 있었다. 수양의 내용과 형식에 관한 일이다. 유학에서 말하는 수양의 알맹이, 그 진짜배기는 무엇일까? 언제까지 수양해야 하는가? 그 끝은 어디일까? 정말 그런 수양이 현재성을 지닐 수 있을까? 수기치인修己治人의 과정에서 경敬은 그 길의 자본資本임에 분명하다. 나를 마련하는 밑천이자 뿌리다!

이런 점에서 경 공부의 문제를 전반적으로 고민할 수 있는 기회를 갖게 되어 감사할 따름이다.

여기에 정돈한 글은 경敬에 관한 원전原典과 그 동안 나 자신이 읽고 쓴 글 그리고 여러 학자의 소중한 논문을 중심으로 재편집했다. 그야말로 술이부작述而不作한 격이다. 주석에서 출처를 최대한 밝혔지만, 중요한 것은 이 모든 글 속에 학문의 자료가 될 원전을 남겨준 선현들과 여러 연구자의 피땀 어린 학문의 공적이 녹아 있다는 점이다. 혹시 실수로 인용이나 근거가 누락되었다면 용서를 빈다. 동시에 내 학문의 기틀이 되어준 선학들에게 고마운 마음을 전한다.

그리고 아직도 미진하고 부족한 유학의 '경敬' 개념을 다시 일깨울 수 있도록 물심양면으로 배려해준 한국국학진흥원에 깊이 감사드린다.

올여름은 근대적 기상 관측을 시작한 이후, 가장 무더웠다고 한다. 40도를 넘나들던 기온을 견뎌내며 살아온 힘이 경敬 공부였는지도 모르겠다.

2018년 가을
신창호

━━━━━ 🔅 차례

책머리에 ·004

1장 풀이하는 글: 경敬 공부에 관한 독해

　1. 경의 의미와 존재 근거 ·011

　2. 경－예의 강령, 몸 수련의 기초 ·025

　3. 경의 존재 양식과 확장 논리—내면에서 외면으로 ·031

　4. 퇴계와 남명의 경 공부 ·048

　5. 거경居敬의 일상 수양 ·071

2장 원전과 함께 읽는 경敬

　1단계 『주역』『예기』『논어』『맹자』『중용』 ·083

　2단계 『성리대전』 ·087

　3단계 『퇴계선생문집』『남명집』 ·156

3장 원문 ·165

주 ·207

함께 읽으면 좋은 책들 ·223

참고문헌 ·227

후기 ·229

敬

풀이하는 글:
경敬 공부에 관한 독해

敬

1.
경의 의미와 존재 근거

경의 문자적 의미

좀 진지하게 고민하다보면, 우리의 삶은 근심과 걱정으로 점철되어 있는 듯하다. 크건 작건 근심 걱정을 고려하여 당면한 문제를 해결하려는 몸부림이 인생이다. 때문에 동서고금을 막론하고 인간은 평화와 안정을 지속하려는 공동체를 염원해왔다. 문제는 다양한 노력에도 불구하고 인간이 추구하려는 사회를 건설하기가 쉽지 않다는 것이 우리의 경험적 사실이다.

인간이 살아가고 있는 이 세상은, 그 탄생에 대해 어떤 이론과 표현을 동원하건 관계없이, '있는 그대로' 존재해왔다. 인간은 그런 세상에 태어나 살아가거나 혹은 던져진 채 살아진다. 세상이라는 존재에 발을 딛는 순간, 혼돈 속의 질서를 경험하며 혼란을 헤쳐 나가기 위한 우려 속에서 삶을 영위한다. 그것이 다름 아닌 '우환의식憂患意識'이다. 세상을 살아가면서 느끼고 깨치며 진보를 거듭하려는 우환의식의 등장은 인간이 인간답게 살아가려는 삶의 탄생과 연관된다. 우환의 정도와 격조가 높아지는 만큼 삶을 합리적으로 정돈하려는 도덕 윤리의 수준도 깊이 고려된다. 이런 인류 문화의 발달 가운데, 특히 중국 고대 주周나라 초기에 도덕적 덕목으로 나타난 것이 바로 '경敬'이다.

현대를 살아가는 우리의 상당수는 경敬이라는 글자 하나만을 따로 거론하지는 않는다. 거기에 한두 글자를 첨언한 존경尊敬이나 공경恭敬, 경건敬虔 등의 용어를 쓴다. 그리하여 사람을 존경하고 공경하며 경건하게 처신하는 모습을 떠올린다. 경敬이 주나라 초기 사상의 중심 개념으로 자리하면서, 당시의 여러 기록에 자주 등장하는 만큼, '경'은 주나라 사람들의 삶에 깊이 파고든 필수적 의식이었다. 그러나 현대인들에게 '경이 무엇이냐?' 라고 물었을 때, 그 의미가 분명하게 다가오지 않는 것도 사실이다. 기껏해야 한자를 알고 있다는 수준에서, '공경할' 경敬자니까, '경은 공경이 아닐까!' 정도로 답변하는 것이 일반적 사례이리라.

문제는 전통 유학이 추구한 경敬이다. 그것은 공경의 의미를 포함하고 있지만, 그 하나의 의미로만 만족하기에는 너무나 숭고하고 존엄한 인간학이 서려 있다. 경敬이란 무엇인가? 이해를 쉽게 하기 위해 글자가 발전하고 성립한 과정을 살펴보자.[1]

'경敬'의 문자적 발전을 고찰해보면, 재미있는 사실을 발견할 수 있다. 경의 초기 형태는 아래 부분에 '말 마馬'자가 붙어 있는 '경驚'이다. '경驚'은 '놀라다'라는 뜻이다. 말이 앞발을 쳐들고 뒷발로 서서 위를 쳐다보면서 '히이힝' 하고 깜짝 놀라는 모양이다. 다시 말하면, 동물이 갑작스런 사태에 직면하여 본능적으로 반응하며 놀라는 모습을 뜻한다. 이런 경驚에 머물러 있는 존재는 세상의 변화에 주체적으로 대처할 능력이 없다. 반사적으로 본능적 방어 태세를 갖추고 피동적 경계 자세를 취한다. 그야말로 동물적인 놀라움 그 자체다.

이 '깜짝 놀람'의 경지인 경驚은, 동물적 차원을 나타내는 '마馬'자가 인간적 차원의 '언言'자로 바뀌면서 다른 수준으로 인식된다. '경驚'이 '경警'으로 발전하는 단계에서 질적 수준을 드러낸다. '경驚'자 하단의 '마馬'가 '언言'으로 변하면서 그 의미가 인간적 차원으로 변한다. 경敬 아래에 마馬가 붙은 경驚이 동물적 수준에서 그저 본능에 따라 대응하거나 경계하는 차원이라면, 언言이 붙은 경警은 인간 자신이 터득하고 있는 지식이나 경험 등에 의거하여 어떤 일이나 문제와 부딪치기 전에 스스로 경계하거나 응변하는 태세를 갖춘다. 경驚이 어떤 일을 당했을 때 취해지는 놀람의 상태라면, 경警은 다가올 일을 대비하며 경계하는 심리 상태다. 이 경계의 심리 상태는 언어를 통해 깨우치고 깨달음을 얻는, 인간적 측면이다.

동물적 차원의 놀람과 언어를 통해 경계하며 깨우침을 얻는 수준을 초월한 상태가 이제 우리의 주제인 경敬이다. 경敬의 아래 부분에는 동물[馬]이나 인간[言]을 표상하는 첨언이 없다. 다시 강조하면, 경驚은 외부로부터 다가온 동물의 본능적 놀람이다. 경警은 경계하는 심리 상태로 언어를 통한 인간적 깨우침이다. 이 두 가지 언어에는, 그것이 자연의 현상이건 인위적 환경의 조성이건, 놀람이나 경계하는 심리를 가져다주는 외부 요인이 존재한다. 그러나 경敬은 외부에서 부여되는 어떤 요인도 모두 탈각되어 있다. 순수하게 내부 요인만 존재한다. 이 부분이 경敬을 해명하는 열쇠다.

驚	警	敬
동물적 놀람	언어를 통한 깨우침	내면의 자기 깨달음
본능적	인지적	각성적
외부 요인 작용		내부 요인 발출

〈표1〉 경敬의 발달 단계와 수준별 특징

　아래에 아무 것도 붙어 있지 않은 경敬은 동물적 수준의 놀람이나 언어에 의한 경계의 깨우침이 모두 사라진, 순수한 자기 이해와 인식, 각성적 차원의 깨달음이 용트림하는 단계다. 그것은 다름 아닌 나 자신의 마음, 저 심연 깊숙한 곳에서 녹여내는 내면의 깨달음이다. 간단하게 말하면 마음을 흩트리지 않거나 바로 세우는 작업으로 이해할 수 있다. 인간이 자기 속에서 스스로 의지할 수 있는 '진짜배기 자신' '참다운 자기'의 발견이다. 다시 말해, '경'은 인간이 자기 밖에 있던 신神이나 하늘〔天〕과 같은 존재를 자신의 내면으로 안착시킨 상황이다.

　이런 점에서 '경'은 마음에, 내면에 꽉 찬 자기 깨달음이자 우환의식에서 나오는 경각성이다. 정신적 차원의 자기 단속과 집중을 의미한다. 그것은 수시로 직면하는 사물에 대해 몸가짐을 삼가며 성실하게 대처하는 심리 상태에서 나온다. 그러기에 '경'은 인간이 자신의 행위를 반성하고 그 행위를 가다듬을 때의 마음 정황과도 같다. 경은 세상의 모든 존재와 행위에 대한 인간의 속 깊은 대비다. 그 대비는 마음의 저변에서 움직인다. 여기에서 그 마음, 즉 내면이 바로 경의 핵심으로 떠오른다. 그것은 경건일 수도 있고 겸손일 수도 있으며, 차분함이나 안정, 평온 등과 같은 내면의 평화를 나타내는 다양한 용어로 묘사할 수 있다. 주나라 초기에 출현하여 숭상된 '경敬'의 정신은 종교적 경건성이나 인간적 존경심과 비슷한 의미를 지니는 듯하지만, 사실 그것과는 상당히 다르다. 종교적 경건성은 인간이 자신의 주체성을 완전히 포기하고 철저하게 신에게 귀의하는 심리 상태다. 하지만 '경敬'은 인간의 마음을 동물적으로 놀라고 산만한 상태로부터 경계하고 집중하는 단계로 끌어올린다. 자신의 관능官能과 욕망慾望을 자기 책임 앞에서 해소시켜 주체의 적극성과 이성 작용을 실현시키는 덕목으로 발전한다.

'경'이라는 글자의 원래 의미는 외부로부터 어떤 침해를 받았을 때 본능적으로 경계하는 피동적이고 직접적인 심리 상태였다. 앞에서 경敬자의 발전 단계에서 보았듯이, 주나라 초기에 제기된 '경' 관념은 주동적이고 반성적 성격을 지녔다. 그것은 내면에서 외부로 발출되어나가는 마음의 역동성이다. 내면의 깨달음과 마음의 발동을 핵심으로 하는 자각적 심리 상태다. 때문에 피동적이거나 수동적이고 경계하는 심리와는 차이가 있다. 이런 성격의 경敬이 유학의 수양이나 수련의 방법으로 채택되면서, 공부의 핵심으로 자리매김 된다. 이후에 자세히 소개하겠지만, 『주역周易』의 곤괘坤卦 「문언文言」에서 "경으로 마음을 바로 세운다"라는 의미의 "경이직내敬以直內"나 송명 이학理學에서 "정신을 하나로 집중하여 흩어지지 않게 한다"는 의미의 "주일무적主一無適"을 비롯한 여러 표현이 '경敬'의 속성이나 특징을 대변한다.

이런 의미가 발전하면서, 인간은 자기 내면에 본래부터 있었던 것을 스스로 확신하고, 인생 공부를 진행한다. 그 공부를 심화해나간 상황이 『맹자孟子』에서 구체적으로 발견된다. 맹자는 말했다. "학문의 길은 다른 것이 아니다. 흩어져 있는 마음, 긴장의 끈을 놓아버린 마음을 하나로 모으는 작업이다!"² 이른바 "구방심求放心"이다. 이는 인간의 내면을 화두로, 마음을 수렴하는 수양 공부의 단초다. 그 핵심에 경敬이 자리한다. 그렇다면 경 공부는 왜 필요한가? 그 수양 공부의 근거는 무엇일까? 유학은 경을 실천하기 이전에, 이 세상의 존재 근거로 성誠을 제시한다. 따라서 성誠은 경을 실천하는 근거가 되어 유학의 학문, 공부의 알파와 오메가를 구성한다.

경 공부의 존재 근거-자연

인간의 자기실현과 자아 완성을 향한 노력은 삶의 중심 문제다. 유학에서는 그 노력의 과정을 수양修養으로 표현한다. 수양은 수신修身이나 수기修己와 동일한 언표다. 그렇다고 몸과 마음, 즉 심신心身의 문제를 분리하여 논의하는 것은 결코 아니다. 유학의 사유에서 심신은 범주를 구분하기 힘든 유기체다. 때문에 서양 근대철학의 데카르트적 심신이원론心身二元論과 같은 사유적 특징은 매우 희박하다.

유학의 수양은 우주론宇宙論에서 다루는 천天(자연)에 대한 인식과 인간의 심성心性을 다루는 인성의 이해에 기초한다. 우주론에서 다루는 천지天地는 『주역』을 위시하여 여러 경전에서 드러나듯이, '생성生成과 변화變化'를 본질로 자기 운동을 한다. 인간 세계도, 소우주로서 우주 자연과 비슷한 패턴으로 영위될 것이라는 가정이 상당수 유학자의 인식이었다. 요컨대, 인간은 자연을 거울삼아 삶을 실현한다.³ 그렇다면 인간 사회 현상의 모범으로서 천天, 즉 자연의 질서order of nature란 무엇인가?

하늘[天]로 대변되는 자연은 전지전능한 그 무엇으로, 인간의 '궁극적 관심ultimate concern'이다. 궁극적 관심은 20세기 실존주의 신학의 거장 폴 틸리히가 기독교의 신神, God을 표현할 때 쓴 개념이다.[4] 틸리히의 사유를 인본주의적 성향으로 이해할 때, 인간에 관심을 두고 있는 실존적 고민의 차원에서, 유학의 천天(자연)은 동일한 의미는 아니더라도, 서구의 신神에 비유할 수 있는 여지가 있다.

서구 종교에서 말하는 유일신唯一神으로서 신과 차원이 다르지만, 궁극적 관심은 존재하는 모든 '사물의 기초' '창조의 근거' 또는 '형성하는 힘'으로 볼 수 있다. 또한 지고자至高者, 거룩한 자, 선한 자, 참된 자 등으로 언급할 수도 있다. 이런 측면에서 유학의 하늘은 '밝음[明]' '존엄[嚴]' '신령함[靈]' '지속성[秩]' '권위[威]' '떳떳함[常]' '근본[大原]' 등의 덕성을 지닌다.[5] 이런 덕성은 자연에 대한 인간의 인식이다. 인간이 다양한 삶의 경험을 통해, 자연의 질서를 파악한 것이다. 그러므로 자연은 인간의 삶에 어떤 지남指南을 줄 만한 객관적 표준이요 기준이다. 그것이 태극太極의 이理, 형이상形而上으로 표현되고, 인간에게는 성선性善 의식으로 이해되었다. 유학의 수양론은 바로 하늘(자연)을 모방하여, 어떻게 하면 자연과 일치할 수 있는지를 고려한다. 이른바 천인합일天人合一의 구상이 그것이다.

때문에 유학에서 수양의 문제는 천관天觀(자연 인식)을 통해 탐색할 수 있다. 그런데 동양적 사유에서 천天은 다양한 차원으로 이해된다. 펑유란의 경우, 천天의 개념을 다섯 가지로 분류했다. 첫째, 땅[地]의 상대적 개념인 물질적·물리적 하늘[天]로서 천지天地, Heaven and Earth이고, 둘째, 인격적·주재적 천天으로 지고의 신으로서 황천상제皇天上帝, Imperial Heaven

Supreme Emperor이며, 셋째, 운명적 천天으로 인간이 자기를 조절할 수 없는 명命, Fate이고, 넷째, 자연적 천天으로서 자연 자체 혹은 스스로 그러한 본성Nature이며, 다섯째, 윤리·도덕적 천天으로 도덕·의리의 원리 또는 지고한 우주의 근원적 원리[中庸: 天命之謂性, Moral Principle: highest primordial principle of the universe]가 그것이다. 이를 정돈하면 중국 고대의 천天 개념을 다시 세 가지로 분류할 수 있다. 첫째, 자연적 형상으로서 '자연천自然天', 둘째, 종교적 의미로서 '주재천主宰天', 셋째, 도덕적 의미로서 '의리천義理天'이다. 이 세 가지 가운데 자연천은 도가道家로 이어졌고, 주재천은 묵가墨家에 수용되었으며, 의리천은 유가儒家로 연결되었다.[6]

유학에서 공부의 핵심인 수양을 다룰 때, 천(자연)의 문제는 평유란의 '윤리·도덕적 천'과 김충렬의 '의리천'을 고려할 필요가 있다. 수양은 도덕적 의미를 강조하는 '의리천'에서 그 연원을 찾아야 한다는 말이다. 그것은 유학이 강조하듯이, 의인화된 하늘의 의미를 충분히 고려하라는 의미다. 하늘은 객관적 자연에서 종교적 숭배 대상을 넘어 도덕 정신의 기준으로 자리하고 있다. 그 자연이 인간 삶에 적용되면서, 객관적이고 외재적 대상이던 것이, 내재성으로 성찰되었다. 그러므로 『중용中庸』의 첫마디는 "하늘이 명령한 것을 본성이라 한다!"[7]고 하여, 하늘의 의리와 질서가 인간의 도덕적 본성에 그대로 적용되었음을 천명했다.

『중용』의 천명처럼, 객관 대상인 자연의 질서 체계가 인간에게 삶의 지침을 준다는 가정은, 단순한 물리적 상황에서 실제적으로 불가능한 작업이다. 이는 인식론적으로 인간이 하늘의 질서를 형이상학적으로 구성했다는 의미다. '천명天命=본성[性]'이라는 개념을 상정하여, 우주 천지자연

경敬이란 무엇인가?

과 인간 사회를 연속선상에서 바라보려는 염원이다. 자연을 인간으로, 인간을 자연으로 포섭해 인간과 자연의 합일合—을 추구한다. 이는 주자朱子의 해설에서 잘 드러난다.

"하늘은 음양·오행으로 만물을 변화 생성한다. 이때 기氣로 형체를 이루는 동시에 이理를 부여한다. '하늘이 명령한다'는 표현이 바로 이것이다. 명령에 의해 사람과 물건이 탄생하고, 사람과 물건은 제각기 이理를 부여받는다. 이는 음과 양의 특성, 인의예지신의 덕성으로 이루어져 있다. 이것이 바로 본성이 된다."8

인간은 우주 자연의 변화 생성을 모범으로 자기의 형체와 이치를 스스로 부여했다. 그리고 음양오행의 질서를 통해 도덕적 가능성인 강건함과 유순함, 인의예지신仁義禮智信이라는 덕성을 도출해냈다. 이 본성이 바로 맹자가 강조한 선단善端이다. 선의 단서는 인간이 도덕적 자각심을 갖추고 있다는 이론적 근거가 되었다. 유학의 수양은 이 자각심을 최대로 발휘하려는 최선의 노력이다. 이는 '윤리적 깨우침과 양심의 발현'을 주창한다. 마치 문화를 통해 깨우침의 교육을 중시한 독일의 철학자 슈프랑거Eduard Spranger(1882~1963)의 사고에 견줄 수 있다. 왜 이러한 인간 문제가 제기되었는가? 주자의 해석은 다음과 같이 이어진다.

"사람들은 자기 몸에 본성이 있음은 안다. 하지만 그 본성이 자연의 질서에서 나온 것은 알지 못한다. 일에도 길이 있는 것도 안다. 하지만 그 길이 본성에서 말미암음은 알지 못한다. 성인의 가르침이 있음은 안다. 하지만 그것이 나에게 본디 있는 것을 바탕으로, 노력의 결과 성취되는 것을 깨닫지 못한다."9

유학은 이 지점에서 심사숙고하며, 삶의 다양한 부분을 고민한다.

자연[하늘]은 인간이 태어날 때 본성을 부여해주었다
그 본성은 자연[하늘]의 질서 체계를 고스란히 담고 있다
인간은 바로 그런 본성을 바탕으로 모든 일과 행위를 전개해나간다
그 삶의 전개와 성패는 인간 자신의 노력 여하에 달려 있다
문제는 일반 사람들이 그 이치를 알지 못하는 데 있다

이 간단한 몇 단계가 유학이 열망하는 수양의 이론적 근거다. 천명天命에 대한 자각 또는 본성本性의 각성覺醒 이후에, 수양의 명분이 들어선다. 이때 수기 혹은 수신은 맹자의 선단善端에 기초한 도덕적 자각, 이른바 '덕치德治'라는 의미의 수양을 우선시한다.

경 공부의 바탕─성

인간에게 갖추어진 훌륭한 본성, 이른바 선성善性을 잘 닦고 길러 인간의 완성을 꾀하는 일이 수양이다. 이런 점에서 유학은 천리天理 또는 천도天道인 자연의 질서가 역동적으로 '살아 움직인다는 점'을 철저히 인식하여, 인간의 내면적·자각적 도덕심을 밝혀 실천하는 학문이다. 그 수양의 두 축이 성誠과 경敬이다. 특히, 성誠은 '진실함, 참됨'이라는 학문의 존재 근거로 인간이 도덕적으로 실천하는 이유가 된다. 일반적으로 성誠이라고 하면, '정성스럽다' '성실하다' 등으로 이해하기 쉽다. 물론 정성을 다하고 성실하게 참됨을 추구하는 일이 성誠인 것도 분명하다. 그러나 경敬의 바탕이

자 짝으로 성誠을 이해할 때는 진지한 성찰과 검토가 요청된다. 그런 점을 염두에 두고『중용』의 언급을 보자.

"진실함 자체는 자연의 길이고 진실함을 추구하는 일은 인간의 길이다. 진실한 사람은 억지로 힘쓰지 않고도 그 길에 맞고, 생각하지 않고도 자연스레 그 길을 알 수 있다. 완벽한 인격을 갖춘 성인이 이에 해당한다. 진실함을 추구하는 사람은 선을 가려 굳게 잡는 사람이다."10

우주의 시공간, 천지天地의 생성과 변화는 거짓이 없다. 있는 그대로 묵묵히 한 순간도 쉬지 않고 자기를 전개할 뿐이다. 자연自然, self-so의 특성은 문자 자체가 일러주듯 스스로 그러할 뿐이다. 이런 자연의 질서 자체가 다름 아닌 성誠이다. 저절로 그러하게 존재하고 운동하는, 어떤 것도 끼어들지 않은 진실하고 참된 하늘의 도다. 그것은 우주의 본질, 하늘[天]의 운행과 질서, 그 원리를 핵심적으로 드러낸 용어다. 성誠은 천天이고, 천리天理이고, 천도天道의 속성이다. 때문에 주자도 "성誠은 진실하고 정상적인 상황을 벗어나지 않은 것으로 천리의 본연本然이다"11라고 했다. 이런 성의 모습은 다음과 같이 묘사된다.

"성誠이라는 글자를 자연의 질서 차원에서 논의한다면, 오직 하늘의 명령이 조화를 이루어 그치지 않음을 의미한다. 자연의 질서는 옛날부터 지금까지 조금도 일그러짐이 없다. 그러기에 더운 여름이 가면 추운 겨울이 오고, 해가 지면 달이 뜨고, 봄에는 새싹이 나고 여름에는 무성하게 자라며, 가을에는 열매 맺고 겨울에는 움츠리고 다음 봄을 준비한다. 봄-여름-가을-겨울과 같은 계절의 특성이 끊임없이 순환하여 변함이 없다. 이는 진실한 자연의 법칙이 존재하기에 그러하다. 하늘은 하루 낮 하루 밤을 움직여 일주하고, 또 한 도수를 지나가며, 해와 달 별자리의 운행이 예나 지금이나 변함없이 운행하니, 도리가 이와 같다. 과일 또한 단 것은 늘 단 맛이고, 쓴 것은 늘 쓴 맛이며, 푸른 것은 늘 푸른빛을 띠고, 흰 것은 늘 흰 빛을 띠며, 붉은 것은 늘 붉은 빛을 띠고, 보랏빛은 늘 보랏빛을 띠며, 둥근 것은 늘 둥근 모양이고, 비뚠 것은 늘 비뚠 모양이다. 하나의 꽃과 잎사귀가 무늬 결을 서로 같이하여 늘 그렇게 변함이 없으므로 사람의 힘으로 안배해서 될 일이 아니다. 모두 하늘의 진실한 도리로 저절로 그러할 뿐이다."[12]

천도天道의 존재와 역동성, 자연의 질서 체계는 거짓이 없다. 거짓 없이 존재하는 자연의 길이 성誠으로 상징된다. 이 성誠이 인간에게 그대로 간직된 것이 천명天命이자 천리天理인 성性이다. 따라서 성誠은 인간의 본성이자 통일된 마음으로 이해된다. 실제로 존재하는 마음의 이치로, 인간의 성선性善이다. 순수하게 선한 마음이다.[13] 이 성誠은 '실實'이라는 '알맹이'로, 본질적으로 인간에게 꽉 차 있는 실제 이치[理]다.[14] 이것이 유학의 형이상학이자 선善의 존재 근거가 된다. 다시 말하면 성誠은 자연의 질서, 즉 도道의 차원에서는 실제 존재하는 이치가 되며, 인간의 차원에서는 저절로 그러한 마음이 된다. 이때 인간의 참됨이란, 내면과 외면의 길을 합한 것으로 겉과 속이 한결 같은 상태다. 안이 진실로 이와 같으면 마땅히 바깥도 진실하다.[15] 이는 유학의 형이상학이 추구하는 성誠이라는 이념적 본질이다. 그러기에 주염계周濂溪는 다음과 같이 언급했다.

"성誠(진실함)은 성인聖人을 규정하는 근본적 특징이다. 하늘과 땅이 지닌 자연 질서, 그 큰 덕이여! 만물은 이를 근거로 자라난다. 그것은 성誠의 원천이다. 기준이 되는 자연의 질서 체계가 응용되어 제각기 성性과 명命을 바르게 한다. 이에 성誠이 자기 자리에 위치한다. 그러므로 성은 참으로 순수하고 지극히 선한 것이다."[16]

하늘, 자연의 질서 체계로 통칭되는 천도는 선의 최고 상황으로 자리매김 된다. 그것을 근거로 세상의 모든 만물은 원만하게 생장한다. 하지만 인간이 살아가는 현실 세계는 어떠한가? 혼란의 도가니 속에서 갈등과 부조화가 삶을 지배한다. 안팎이 이지러지고 위선과 거짓이 난무한다. 이러한 현실 문제를 고민하는 것, 위선이나 불선, 악의 세계를 선의 세계로 바꾸어 보려는 노력이 인간 삶의 당위다.[17] 그것이 다름 아닌 성誠의 실천이다. 이 당위적 염원은 "성지誠之"라는, 진실함을 추구하는 인간의 노력에 의해 성취할 수 있다. 따라서 하늘의 진실함, 그 선의 세계를 인간도 본받아야 한다. 선을 굳게 잡고 힘써 행해야 한다. 이것이 수양의 알파이자 오메가다.

이 성誠의 형이상학적 개념과 실천의 모습이 『중용』의 핵심 내용을 이룬다. 공자의 인仁이나 맹자의 사단四端 확충도 이런 성誠의 구체적 실현에 다름 아니다. 그러므로 맹자도 "진실함 자체는 자연의 질서이고 진실함을 생각하는 작업은 사람의 도리"라고 했던 것이다.[18] 성誠이라는 근원적 상황은 인간 이성의 작용, 진실함을 사유하는 '사성思誠'이라는 학문 과정을 통해 실현된다. 이 인간의 도리는 『대학』에서 "스스로를 속이지 말라"는 말로 표현되었다. 스스로에 대한 솔직함, 자기 신뢰. 이것이 자기 수양에서 가장 중요하며, 첫 번째 할 일이다.[19]

천리天理로서 성誠은 자연의 질서이자 우주의 본질이다. 동시에 선한 마음을 지칭하는 인간의 본성이기도 하다. 이렇게 진실무망眞實無妄한 성誠 (천도天道)을 구체적으로 추구하여 실현하려는 노력은 인간의 몫이었다. 그 노력의 실천적 행위가 바로 경敬이다. 유학은 성誠과 경敬의 관계를 통일된 유기체로, 밀접한 연속선상에서 바라본다. 때문에 사람이 진실[誠]하면 스스로 깨우치고 깨닫게[敬] 마련이라는 자연주의적 사유를 펼친다. 반대로 진실함에 이르지 못했다면, 스스로 깨달음이 부족하고 자기 공경과 배려를 다하지 않은 것이다. 따라서 반드시 깨달은 후에 진실함에 이를 수 있다.[20] 성誠은 언제나 지속적 본체를 지니는 온전한 선의 덩어리다. 그것의 발동 자체는 경敬이 된다. 성誠에 이르지 못한 경우, 인간이 의식적으로 행할 수 있는 수양의 제일 조건이 경敬이다.

경敬이란 무엇인가?

2.
경-예의 강령, 몸 수련의 기초

마음 수양의 단초로 자리하는 경敬에 대해 가장 잘 알려져 있는 구절 가운데 하나가 "무불경毋不敬"이란 개념이다. 무불경毋不敬! 이 짧은 세 글자는 『시경』 300여 편을 "사무사思無邪!"로 정돈하는 것 이상으로 엄중한 표현이다.[1] 무불경, 즉 공경스럽지 않게 행동하는 일이 없도록 하라! 유학을 학문의 중심에 두는 수많은 사상가는 무불경을 삶의 지표나 좌우명처럼 여겼다. 왜냐하면 그것만이 성스러운 유학 공부에서 가장 인간답게 될 수 있는 핵심을 담보하고 있기 때문이었다.

경을 이해하기 위한 첫 단계에서 '무불경'에 대한 인식은 매우 중요하다. '무불경'은 『예기』의 첫머리에 등장한다. 대부분의 저술이 그러하듯이 첫머리에 등장하는 개념은 그 저술의 내용을 가늠하는 하나의 잣대가 된다. 예컨대, 『논어』는 "학이시습學而時習"이라는 말을 통해 유학이 인간 됨됨이와 인간다움을 위한 학습學習의 책무성을 부과했고, 『맹자』는 "하필왈리何必曰利"라는 언표를 통해 단순한 개인적 이익[利]보다는 인의仁義의 중요성

을 강조했다.[2]

그렇다면 '무불경'은 어떤 차원에서 자리매김 되는가?『예기』의 첫 머리
는 다음과 같이 장식하고 있다.

"옛날의 예법인「곡례」에서 말했다. 공경스럽지 않게 행동하는 경우가
없도록 하고, 엄숙하게 행동하고 신중하게 생각하여 행동하며, 심사숙고
하여 바르고 정확한 말을 이행하라! 그러면 백성을 편안하게 할 수 있다.
자신의 오만함을 키워서는 안 된다. 욕망을 좇아서도 안 된다. 뜻을 가득
차게 해서는 안 된다. 즐거움을 극도로 누려서도 안 된다. 현명한 사람은
친하게 지내면서도 공경함을 잃지 않는다. 외경하면서도 그 사람을 진심
으로 사랑한다. 사랑하면서도 그 사람의 나쁜 점을 식별한다. 미워하면서
도 그 사람의 좋은 점을 분별한다. 재물을 축적하면서도 사람들을 위해 잘
쓸 줄 안다. 편안한 곳에서 안락하게 지내면서도 옮겨야 할 때가 되면 안
주하지 않고 옮길 줄 안다. 재물에 대해 구차하게 얻으려 해서는 안 된다.
곤경에 처해서는 구차하게 모면하려고 해서는 안 된다. 싸움에서는 반드
시 이기려고 해서는 안 된다. 분배할 때는 많이 가지려고 해서는 안 된다.
의심스러운 일에 대해서는 근거도 없는 말을 지어내서는 안 되고, 강직하
게 대처하되 자기 의견을 고집해서는 안 된다."[3]

경敬은 "무불경毋不敬"이란 이중 부정을 통해 강조되며,『예기』의 맨 앞
에서 인간의 예의를 선도한다. 주자에 따르면 이「곡례」의 첫 장은 군자君
子의 수신修身에 대한 언급이다. 군자라는 지도적 인물의 공부, 교양 수업
을 위한 내용을 전반적으로 제시하는 장면이다. 수신의 요점은 "무불경毋
不敬-엄약사儼若思-안정사安定辭"로 이어지는 세 가지 항목이다. 즉 '공경

스럽지 않게 행동하는 경우가 없도록 하라! 그리고 엄숙하게 행동하고 신중하게 생각하여 행동하라! 그리고 다시 심사숙고하여 바르고 정확한 말을 이행하라!' 이런 행위의 지속으로 인한 효과는 지도자로서 자신이 다스리는 백성을 편안하게 만들기에 충분하다. 때문에 '무불경'을 필두로 하는 이 세 가지는 인간의 삶을 이끄는 예禮의 근본이 된다. 『예기』라는 저술은 근원적으로 예의범절禮儀凡節을 핵심으로 다루는 경전이다. 그럼에도 "무불경"을 통해 경을 맨 앞에 두는 이유가, 바로 예의 근원이 경이기 때문이다. 예에는 경례經禮가 300가지이고 곡례曲禮가 3000가지라고 한다. 그러나 어떤 형식으로 존재하고 실천되건, 예는 한마디로 총괄하면 "불경하지 말라!"라는 "무불경!"으로 귀결된다.

이유는 간단하다. 무불경하면, 인간의 행동거지와 용모가 바르게 되어 포악하고 거만한 것과 거리가 멀어진다. 무불경을 바탕으로 엄약사儼若思하면 얼굴빛이 온화하고 단정하게 되어 신의가 있어 보인다. 나아가 안정사安定辭하면 말이 바르게 되어 비루하고 의리에 상반되는 말들과는 거리가 멀어진다. 그러므로 이 세 가지는 수신의 요점이다. 그 수신을 바탕으로 나아가면 정치의 근본에까지 이른다. 이는 군자가 경敬으로 자신을 수양하여 그 효과가 다른 사람들까지도 편안하게 만들고, 나아가 백성까지도 편안하게 만드는 경지에 이르는 작업이다.

이처럼 「곡례」 장에서 전개되는 예의禮儀는 경敬을 기초로 하여 행위로 나아간다. 때문에 경은 예의 강령이 될 수밖에 없다. 진덕수眞德秀에 따르면, '무불경'은 몸과 마음, 즉 내적 부분과 외적 부분 모두에서 조금의 불경함도 있게 해서는 안 된다는 뜻이다. 이러한 가르침을 따르면 그 사람의 용모는 반드시 단정하고 엄숙하게 되어 신중하게 생각하고 행동하는 뜻이 되고, 그 말은 반드시 편안하고 안정되어 급급하지 않게 된다. 나아가 백성을 다스리면 백성 가운데 불안함을 느끼는 자는 없다.

이러한 경敬의 모습은 『논어』에서 좀더 생동감 있게 드러난다. 그것은 공자와 그의 충직한 제자 자로의 대화를 통해서다.

자로가 군자에 대해 물었다.

공자가 말했다.

"자신을 수양하되 경敬으로 한다."

자로가 여쭈었다.

"그렇게만 하면 됩니까?"

공자가 답했다.

"자신을 수양하여 다른 사람을 편안하게 한다."

자로가 여쭈었다.

"그렇게만 하면 됩니까?"

공자가 답했다.

"자신을 수양하여 백성을 편안하게 한다. 자신을 수양하여 백성을 편안하게 하는 일은 요堯임금이나 순舜임금도 힘들어 한 일이다."**4**

공자가 제자 자로에게 진지하게 일러준 수기修己, 즉 수양의 문제에서 가장 중시한 부분은 경敬으로 나를 닦고 기르는 일이었다. 나의 '몸'이라는 구체적이고 실존적 유기체의 완성을 꾀하는 작업이다. "자기 몸을 닦되 경으로 한다!"라는 "수기이경修己以敬"이 근본이자 일차적인 문제였다. 다시 말하면 경敬을 토대로 개인의 완성을 추구하는 일이었다. 그 다음의 문제가 개인에서 타인으로 확산되는 사회성 획득이다. 그것은 개인의 수양이라는 측면을 선차적 과제로 내걸면서 이를 토대로 타인에게로 연장해나가는 수양 논리를 보여준다. 흔히 말하는 수기치인修己治人의 원리다. 이는 나의 생활상을 점검하고 강구해가는 동시에 타인과 함께 한다는 의미다. 이론적으로만 보면, 시공간적으로 개인이 앞서고 그것을 바탕으로 타인에게 다가가는 일로 이해되지만, 현실의 실천에서는 동시적이고 중층적 속성을 담고 있다. 백성을 편안하게 한다는 마지막 부분은 사회성의 획득을 넘어 공공성의 강화다. 엄밀하게 말하면, 인간 사회에서는 나의 삶뿐만 아니라 타인의 삶 또한 중요하다. 이는 수기의 문제가 개인적인 동시에 사회적 차원의 공동 생존의 원리임을 지시한다.

'수기이경修己以敬'의 원리는 인간의 삶에 선명한 논리로 다가가게 만든다. 지도급 인사가 공부하는 방법, 자신의 몸을 닦는 수양에는 다른 방도가 없다. 주자는 다음과 같이 분명하게 말한다. "그 방법은 안인安人과 안백성安百姓에 있다. 다른 사람을 편안하게 하고 백성을 편하게 살도록 만드는 일이다. 그것은 나의 내면을 수양하여 훌륭한 덕성을 닦아나가되, 반드시 나 이외의 다른 사람에게 효과가 미쳐야 한다. 이런 공부 작업 자체는 '자기 몸을 닦되 경으로 한다!'는 '수기이경'이라는 한마디를 벗어나지 않는다. 그것을 넓혀 효과를 기다린 뒤에 커지거나 미루어 보아 기다린 뒤에 멀어지는 사안이 결코 아니다."5

그 이전에 정자도 비슷한 견해를 보였다. "군자가 자기 몸을 닦아 백성을 편하게 만들고, 경敬으로 돈독하게 하여 세상이 화평해지니, 오직 위아래가 경을 모두 함께 실천하면 온 세상이 자연스럽게 자리하고 만물이 자연스럽게 자라나며 기운이 화평하지 않음이 없다. 이것이 진정으로 자연스러움을 체득하고 화합하고 차근차근 이치에 통달하는 방도다. 총명예지聰明叡智가 모두 이런 공부에서 나온다."**6**

3.
경의 존재 양식과 확장 논리
– 내면에서 외면으로

자신을 수양하는 방식으로서 경敬은 '수기이경修己以
敬'에서 '안인安人', 나아가 안백성安百姓으로 확장되는 특성을 보인다. 그것
은 유학의 기본 원리인 수기치인이나 성기성물成己成物, 내성외왕內聖外王의
논리 그대로다. 그 인간학적이고 윤리적 특성은『주역』곤괘의 「문언」에 구
체적으로 적시되어 있다.

"착한 일을 쌓은 집안은 반드시 후손들에게 남겨지는 경사가 있다. 반
면에 착하지 않은 일을 쌓는 집안은 반드시 후손들에게 남겨지는 재앙이
있다. 신하가 군주를 시해하고 자식이 부모를 시해하는 짓과 같은 천인공
노할 불륜은 결코 하루아침이나 하루저녁에 일어나는 일이 아니다. 그 일
이 벌어지기 전까지 보이지 않게 그 유래가 점차적으로 진행되어온 것으
로 일찌감치 그런 일은 분별하지 않은 데서 말미암는다.『역』에서도 '푸석
푸석한 서리를 밟으면 단단한 얼음이 된다'라고 했으니, 이는 어떤 일이건
순차적으로 하나씩 하나씩 이루어짐을 말한 것이다. 곧음은 그 올바름이

고 방정함은 그 의로움이다. 군자가 경敬으로 내면을 곧게 하고 의義로 외면을 방정하게 하여, 경과 의가 확립되면 덕이 외롭지 않다. '곧고 방정하며 큰 것이니, 익히지 않아도 이롭지 않음이 없다'라고 했는데, 이는 그 실천한 일을 의심하지 않는 것이다."[1]

착한 일[善]을 축적하는 것에서 볼 수 있듯이, 인간은 짐승과 다르게 삶을 통해 목적의식을 지닌다. 그 목적의식은 윤리도덕을 원천으로 하고, 그 윤리도덕은 선善, Good이라는 이름으로 명명된다. 선의 실천은 맹자의 성선善性의 전통 이후, 사람을 사람답게 만드는 일종의 생명의 샘이자 힘으로 작용한다. 경敬은 선의 축적을 통해 마음 깊숙이 스며들어 깨달음의 울림을 자아낸다. 인용문에서 보듯이, 선의 축적을 기초로 "경敬으로 내면을 곧게 하고 의義로 외면을 방정하게 한다"라는 "경이직내敬以直內, 의이방외義以方外"는 경의 무게중심이 철저하게 내면을 지향하고 있음을 보여준다.[2] 이때 내면은 다름 아닌 '마음'이다. 그에 맞추어 당연하게도 의義는 외면으로 지향하며 확장된다. 경은 인간의 마음가짐과 행동거지의 상황을 묘사할 뿐만 아니라, 내면적 마음을 바로 세우는 일이다. 마음이 곧추서 바르면 삶이 순조롭다. 그리고 좋은 일들이 다가올 것이 예측된다. 이에 대해 정자와 주자는 진지하게 해설한다. 이는 경이 성리학에서 수양 공부의 핵심으로 드러나게 만든 계기다.

먼저, 정자는 『역전』에서 다음과 같이 경敬과 의義를 인식한다. 이 가운데 경이 어떤 자리를 차지하는지 확인할 수 있다.

"세상일은 누적되어 이루어지지 않는 것이 없다. 집안에서 축적한 것이 착한 일이면 복과 경사가 자손에게 미친다. 축적한 것이 착하지 않은 일이면 재앙이 후세에까지 전해진다. 착하지 않은 일이 점점 자라나 악으로 바뀌고 시해와 반역의 재앙에 이르는 것도 모두 누적으로 인해 만들어진다. 절대 하루아침에 이루어질 수 있는 것이 아니다. 지혜가 밝은 사람은 악함이 점점 불어나고 자라나게 하지 않는다. 작은 것이 누적되어 큰 것을 이룬다는 사실을 알고, 일찌감치 사안을 파악하고 분별하여 그것이 순차적으로 자라지 못하게 한다. 그러므로 세상의 악함으로 말미암아 이루어질 것이 없다. 이에 아직 단단하지 않은 서리를 밟으면 나중에 얼음이 된다는 사실을 알고 경계한다. 서리가 얼음이 되고 작은 악이 큰 악에 이르는 것은 모두 일의 추세가 순차적으로 자라는 것이다. 곧음은 그 올바름을 말하고, 방정함은 그 의로움을 말한다. 군자는 '경敬'을 중심으로 하여 내면을 곧게 하고 '의義'를 지켜 외면을 방정하게 한다. 경이 확립되어 내면이 곧아지고 의가 드러나 외면이 방정해진다. 의는 외면으로 나타나는 것이지 외면에 이미 존재하는 것은 아니다. 경과 의가 확립된 후에 그 덕이 성대해진다. 따라서 커지기를 기약하지 않아도 커져, '덕이 외롭지 않다'는 것이다. 쓰는 곳마다 그 어느 곳도 두루 하지 않음이 없고, 베푸는 곳마다 그 어느 곳도 이롭지 않음이 없다."[3]

정자의 설명은 장황한 것 같지만 간단하고 분명하다. 착한 일의 축적으로 인한 선善의 누적은 경이라는 깨달음을 통해 내면을 충실하게 만든다. 그 내면의 충실은 외면으로 발출되어 의리로 드러난다. 그런 점에서 경은 내면을 충실하게 만드는 활력活力이다. 정자의 뜻을 이어받은 주자는 『주역본의』에서 경을 다음과 같이 자리매김한다. "이러한 과정은 배움으로 말한 것이다. '올바름'은 삶에서 '본체'를 말하고, '의로움'은 그 조절과 응용을 말한다. 이때 '경敬'은 본체를 지키는 작업이다."[4] 경이 본체라면, 그것은 마음의 중심이자 뼈대다. 근본이자 기준이다. 삶의 중심이자 기준은 생의 生意의 표준이 된다. 그러기에 유학적 삶은 경을 핵심 가운데 핵심으로 자리매김하고, 유학자 대부분이 경을 삶의 잣대로 삼아 실천하려고 노력했다. 이런 사유는 단순히 성리학자들만의 견해는 아니다. 그 이전부터 전해 내려오던 경에 대한 인식의 전통이다. 당나라 때 유학자인 공영달孔穎達도 경을 통해 마음을 곧게 한다는 견해를 제시했다.

"군자는 경敬을 써서 내면을 곧게 한다. 이때 내면은 마음을 말하는데, 경을 써서 속마음을 곧게 한다. 의義로 외면을 방정하게 한다고 했는데, 이는 의로운 일을 통해 바깥에 있는 사물을 방정하게 만든다. 이 말의 의미는 땅이 올바르고 곧아 만물을 낳는 것이 모두 그 마땅함을 얻는다는 사실을 군자가 본받는다는 데서 확인된다."[5] 경敬과 의義의 관계를 이해하기 위한 또 하나의 사례가 있다. 그것은 『맹자』「공손추 상」에 나오는 구절을 두고, 경과 의를 논의하는 정자와 제자 사이의 문답이다.

어떤 제자가 물었다.

"'반드시 일로 삼아 실천하는 데 있다'라고 할 때, 마땅히 경敬을 써야 합니까?"

정자가 대답했다.

"경은 함양하는 일일 뿐이다. '반드시 일삼음이 있다'라고 할 때는 반드시 '의義를 축적해야' 한다."

제자가 또 물었다.

"의는 이치에 알맞은 것이 아닙니까?"

정자가 대답했다.

"이치에 알맞은 것은 일을 하는 데 있고, 의는 마음에 있다."

제자가 물었다.

"경과 의는 어떻게 구별됩니까?"

정자가 대답했다.

"경은 자신을 다잡는 길일 뿐이고, 의는 옳음과 그름이 있음을 알아 이치에 순응하여 행하는 일이다. 하나의 경만을 지킬 줄 알고 의를 축적할 줄 모른다면 이는 전혀 일로 삼아 실천함이 없는 것이다."

제자가 또 물었다.

"의가 일을 하는 데 있을 뿐이라는 말은 어떻습니까?"

정자가 대답했다.

"내면과 외면이 하나의 이치인데, 어찌 일을 하는 데서만 의義에 합치되는 것을 구하겠는가?"**6**

여기에서 마음을 기르는 방법은 '경敬 - 의義' 공부가 어떤 양상으로 발현해야 하는지 잘 보여준다. 그 근거인 『맹자』에는 다음과 같이 언급되어 있다. "반드시 일로 삼아 실천함이 있고 미리 기대하지 않아, 마음에서 잊지도 말고 억지로 조장하지도 말아야 한다." 이른바 '알묘조장揠苗助長'을 경계하면서 고민하는 이 구절은 경敬 자체는 아니더라도 경을 통해 내면을 다져야 하는 작업을 암시한다. 그것은 호연지기浩然之氣를 통해 외면으로 드러나는 차원에서 중요성을 더한다. "호연지기는 의를 축적하여 생겨나는 것이다. 의는 하루아침에 갑자기 엄습하여 취해질 사안이 결코 아니다. 행하고 마음에 부족하게 여기는 것이 있으면 이 호연지기가 굶주리게 된다."**7** 주자의 사유는 이러한 차원을 공부로 연결시켜 더욱 분명하게 확정한다.

"경敬으로 내면을 바로 세운다는 말은 자신을 다잡아 지키는 공부이고, 의義로 외면을 방정하게 한다는 말은 강학하는 공부다. 바로 세운다는 뜻은 아래위를 관통하여 가슴 속에 조금도 왜곡됨이 없는 것이다. 방정하다는 뜻은 잘라서 방정하게 만든다는 것이고, 이 일을 처리하는 데 모두 적합하여 자른 듯이 분명하여 바뀔 수 없다는 말이다."**8**

공부와 강학의 내·외면적 관통을 디딤돌로 삼으며, 주자는 수양 공부의 차원에서 다시 정자의 언표를 옹호한다.

"정자는 경敬과 의義, 둘 다 지니는 것은 하늘의 덕에 도달하는 일의 시작이라고 했다. 여기에서 둘 다 지닌다는 표현이 아주 좋다. 경은 내면을 중심으로 하고 의는 외면을 방비하는 일이므로, 그 둘은 아울러 지녀야 한다. 잠시라도 내버려둬서는 안 된다. 곧바로 위로 올라가게 해야 하기 때문에 하늘의 덕에 도달하는 일이 이로부터 시작한다. 외면과 내면을 둘 다 지니고, 다시 그 어떤 것도 제멋대로 하는 점이 없으면 위에는 하늘의 덕만이 있게 된다."**9** 여기에서 경과 의는 내면과 외면을 이어나가는 일종의 짝이다. 짝은 분리될 수 없는 유기체로 내면에서 외면으로 자연스럽게 이어지는 징검다리와도 같다. 이러한 수양 공부는 제자와의 문답에서 더욱 분명해진다.

어느 날 제자가 물었다.

"의義가 드러나 외면이 방정해진다는 것이 무슨 뜻입니까?"

주자가 대답했다.

"의는 마음속으로 일을 결단하는 것이다. 마음이 내면에서 결단하여 외면이 바로 방정해지면 모든 사물이 각각 그 마땅함을 얻게 된다. 경敬이라는 글자로 직直이라는 곧음의 의미를 풀이하고, 의라는 글자로 방方이라는 방정함의 의미를 풀이했다. 경은 있지만 의가 없으면 일을 하는 것이 반드시 잘못될 것이다. 의만 있고 경이 없으면 근본이 없으니, 무엇으로 의가 될 수 있겠는가? 모두 외로운 것이다. 반드시 경과 의가 확립되어야 비로소 외롭지 않다. 군주를 섬기는 데 이를 적용하면 군주에게 충성하고, 부모를 섬기는 데 이를 적용하면 부모를 기쁘게 해드리며, 친구를 사귀는 데 이를 적용하면 친구에게 신의가 있을 것이니, 이 모두는 익힐 필요도 없이 그 어느 것도 이롭지 않음이 없다."[10]

이런 점에서 호병문胡炳文[11]은 "경敬을 중심으로 수양하는 것은 학문을 실천하는 요체이고, 의義를 축적하는 것은 강학을 시행하는 공효"[12]라고 했다. '경-의'에 관한 사유는 확장을 거듭하여 중용中庸으로 이어진다. 설선薛瑄[13]에 따르면, "경敬으로 내면을 곧게 한다는 말은 아직 발동하지 않은 마음을 함양하는 일이고, 의義로 외면을 방정하게 한다는 말은 절도에 맞는 조화를 성찰하는 일이다. 다시 말하면, 경으로 내면을 곧게 한다는 말은 『중용』에서 말한 경계하고 삼가며 두려워하는 일이고, 의로 외면을 방정하게 한다는 말은 『맹자』에서 말한 말을 알고 올바름을 축적하는 일이다. 내면과 외면을 둘 다 지니려는 것은 노력해야 할 요점이 이보다 절실한 것이 없기 때문이다."[14] 이는 『중용』에서 "기뻐하고 노여워하며 슬퍼하고 즐거워하는 감정이 아직 발동하지 않은 것을 중中이라 하고, 발동하여 모두 절도에 맞는 것을 화和라고 한다. 중中은 천하의 큰 근본이고 화和는 천하의 공

통된 도다"라는 '중中-화和'의 사유를 '경-의'로 풀이한 것이다.[15]

채청蔡清[16]에 따르면 "내면을 올바르게 하는 작업은 사소한 부정직함조차 없게 만드는 일이고, 외면으로 표출되는 올바름은 사소한 잘못조차 없는 것이다. 그러나 곧음[直]은 저절로 바로 세워지지 않기 때문에 반드시 경敬에서 말미암고, 방정함은 저절로 방정해지지 않기 때문에 반드시 의義에서 말미암는다. 곧음은 충실과 신뢰를 중심으로 하고,[17] 방정함은 올바름으로 옮겨가는 일이다. 이는 다름이 아니라, 곧음은 마음에 사사로움이 없고 방정함은 일처리를 이치에 합당하게 함을 의미한다. 그러므로 내면을 바로 세워 움직이는 사람은 그 말도 합당하다."[18]

구분	敬	義
의미	直內 내면을 올바르게 세움	方外 외면을 방정하게 만듦
특성	깨달음/마음가짐	사물과의 느낌/몸가짐
도덕성	충실/신뢰	정의/합리
작용성	보존/함양	실천/행위

〈표2〉 경敬-의義의 논리 구조

문제는 내면이다. 내면은 마음이라고 했다. 유학에서 마음의 문제는 어떻게 다루어질까? 정말 마음이란 무엇일까? 그것은 알 듯 모를 듯, 잡힐 듯 잡히지 않는 듯, 사람에게 신령스러운 양상으로 존재한다. 이른바 주자가 "허령불매虛靈不昧"라고 표현했듯이, 참으로 형용하기 어려운 그 무엇이다. 때로는 형이상학적으로 논의되고 때로는 형이하학적으로 말해지기도 한

경敬이란 무엇인가?

다. 그런데 마음에는 세상의 모든 이치가 갖추어져 있다. 때문에 세상의 모든 일은 마음을 통해 받아들여지고 거두어진다.[19] 그것은 자연의 질서와 인간 사이에 통일, 이른바 천인합일天人合一의 형식으로 드러난다. 자연과 인간의 통일을『맹자』는 다음과 같이 정돈한다.

"자신의 마음을 다하는 사람은 자신의 본성을 안다. 자신의 본성을 아는 사람은 자연의 질서를 안다. 그러기에 자신의 마음을 보존하여 그 본성을 기르는 일은 자연의 질서를 섬기기 때문이다."[20] 또한『중용』의 첫 구절에서 "천명天命〔성性〕-도道-교敎"[21]의 유기적 연속체에서 볼 수 있듯이, 유학은 천인합일의 구조를 사유의 근간으로 한다. 하늘의 명령으로 인간은 본성을 품부한다. 본성은 마음에 갖추어진 이치,[22] 즉 '마음의 결'이기 때문에 마음을 가장 잘 대변한다. 그러기에 맹자는 '마음〔心〕-본성本性-자연自然'의 질서를 인식론적으로 서로 통한다고 보았다.

앞에서 언급했듯이, 유학에서 천天으로 상징되는 자연의 질서는 성誠으로 묘사된다. 그것은 대체로 믿음〔信〕, 순박함〔純〕, 진실眞實, 무망無妄, 충성忠誠, 실정實情 등 다양한 의미를 지니고 있는데,[23] 우주적 진실의 다른 이름이다.『대학』에서는 "그 뜻을 참되게 한다는 것은 스스로를 속임이 없게 하는 일"[24]이라고 하여, '속임이 없는 것'으로 표현했고,『중용』에서는 "자연의 길"[25]로 인식했다. 그러므로 천지자연의 운행과 질서는 진실함 자체다. 있는 그대로 스스로 그러하다! 때문에 자연自然, self-so으로서 스스로의 이치와 법칙을 지닌 채 운동할 뿐이다. 이런 성誠의 모습은 자연의 질서를 본받으려는 인간에게 그대로 이어졌다. 그러기에 인간은 자연 질서의 명령인 필연법칙을 지킴과 동시에 사회 질서인 행위 규범을 당위법칙으로 지켜야 하는 운명을 지녔다.²⁶ 인간도 우주의 형상을 이어받은 소우주가 되었고, 이제 그 우주적 진실은 인간의 내면으로 파고든다. 이것이 바로 앞서 『중용』의 첫머리에서 밝힌 천명天命으로서의 성性이다.²⁷

주자의 표현처럼, 본성은 마음의 결이므로, 우주적 본성은 인간에게 한결같은 마음²⁸으로 이해된다. 실제로 존재하는 마음의 이치²⁹로 인간의 순수하고 선한 마음이다. 맹자는 그것을 다음과 같이 우산牛山의 원래 상황에 비유한다.

"우산의 나무는 원래 아름다웠다. 문제는 산이 큰 나라〔齊〕의 성 밖에 위치한 것이었다. 도성에 사는 많은 사람이 도끼와 자귀로 우산의 나무를 베어버렸는데, 어찌 우산을 아름답다고 할 수 있겠는가? 우산의 나무들은 밤낮으로 자라고, 비와 이슬을 맞으며 싹과 움이 돋아났다. 하지만 사람들은 산에 소와 양을 풀어놓고 길렀다. 이 때문에 저 우산은 나무가 사라지고 민둥민둥한 산이 되고 말았다. 그런데도 사람들이 그 척박한 민둥산의 모습을 보고, 이 우산에는 일찍이 재목으로 쓸 만한 나무가 있지 않았다고 생각하니, 이것이 어찌 우산의 본성이겠는가?

사람의 경우도 마찬가지다. 사람들에게 보존된 것일지라도 어찌 인의仁義의 마음이 없겠는가? 사람이 그의 양심을 놓아버리는 일은 도끼와 자귀로 우산의 나무를 아침마다 베는 것과 같으니, 어찌 양심 없는 사람을 아름답다고 할 수 있겠는가? 사람도 저 우산의 나무와 같이 밤낮으로 자라고 청명한 새벽의 기운에 맑고 깨끗한 기분이 있을 텐데, 사람이 좋아하고 미워하는 수준이 짐승에 가까워져 사람 같은 이가 드물게 되었다. 그 이유는 아침과 낮에 있어야 할 청명한 기운을 얽어매어 없애버렸기 때문이다.

이렇게 얽어매어 엎치락뒤치락한다면 그 사람의 기운을 채워줄 야기夜氣를 보존할 수 없다. 야기를 보존할 수 없다면 인간의 삶이 짐승과 다를 바 없다. 세상 사람들이 짐승 같은 사람을 보고 일찍이 짐승과 같은 행실을 하는 사람에게 본디부터 선을 행할 수 있는 자질이 있지 않다고 생각하니, 이것이 어찌 사람의 정이겠는가? 그러므로 적어도 사물의 본성을 기르게 되면 사물은 자라지 아니함이 없고, 기르지 못하게 되면 사물은 사라지게 된다. 이런 것을 두고 공자가 말했다. '잡으면 보존되고 버리면 없어져서 나가고 들어옴에 때가 없으니, 그 있는 곳을 알지 못하는 것은 오직 사람의 마음을 두고 말하는 것이리라!'"[30]

맹자는 사람의 마음이나 본성에 선천적 본래성을 부여했다. 우산의 나무는 사람들이 벌목하거나 소나 양을 방목하기 전에는 튼실한 재목으로 자라고 있었다. 마찬가지로 인간의 마음이나 본성도 원래 인의仁義라는 양심良心이 보존되어 있었다. 다시 말하면, 사람은 스스로 본연의 착한 마음을 부여하고 그것을 양심으로 표현했다. 양심은 사람에게 고유한 것으로 사람의 양지良知와 양능良能을 의미한다. 앎〔知〕과 능숙함〔能〕의 선천적 구비와 적극적 긍정은 양심을 대변한다. 그 양심은 본심本心으로서 성선性善의 근거가 된다. 이 본심은 하나다. 하나로 통일된 양식으로서 마음은 도덕적으로 깨달음을 밝히는 공간이다.[31] 실제적으로 사회생활과 이성적 사유가 내면적으로 결정되어 이루어진 윤리와 도덕이 거처하는 장소다.[32] 그러기에 모든 사람이 진정으로 성선을 이룰 수 있는 근원으로, 하늘이 부여한 선의 근거요, 삶의 생명력을 담보한 원천이다.

이런 점에서 마음의 본체는 양지양능을 발현하기 이전에는 기본적으로 고요하여 어떤 것도 할 수 없고 움직이지도 않는 것이었다. 그 작용은 근원적으로 착함의 가능성으로 존재한다. 그러나 착하지 않은 데로 흘러 들어갈 소지는 있었다. 이때 움직여 착하지 않은 데로 흘러간 것은 마음의 본체, 그 본래의 모습은 아니지만, 그것을 마음이 아니라고 할 수는 없다.[33] 이 지점에서 우리는 맹자의 마음을 선천적인 본래의 마음과 후천적으로 유동流動할 수 있는 마음으로 구별할 수 있다. 전자는 우산에 있던 본래의 나무나 인의仁義를 갖춘 인간의 양심에 해당하고, 후자는 벌목이나 소와 양의 방목으로 훼손당한 벌거숭이산과 헐벗은 나무, 그리고 짐승 수준으로 떨어진 인간의 성품이다. 이는 맹자에게 마음을 본체[體]와 작용[用] 두 가지로 구분해볼 수 있는 계기이기도 했다.[34] 마음의 본체는 심관心官이고 그 작용은 측은惻隱이나 수오羞惡, 사양辭讓, 시비是非와 같은 본성과 관련하여 드러나는 운동성이다. 이는 마음이 체용體用이라는 중층적 구조로 존재한다는 의미이기도 하다.

어떤 측면에서 보면, 맹자는 동양에서 인간 존재의 이중성을 확실하게 언급한 최초의 철학자다. 그것은 양심/비양심, 선천적 선함/후천적 악함으로 대비되는, 사이 세계의 고민에서도 확인된다. 다시 말하면, 인간의 모든 행위는, 인의예지仁義禮智라는 도덕적 본성이나 순진무구한 마음이 아니면 이목구비耳目口鼻라는 감각적 본성이나 세속적 마음, 이 둘 중의 어느 하나가 원인이 되어 일어나는 결과다. 이런 차원에서 인간의 마음은 늘 전건前件과 후건後件 사이에서 혼돈을 겪는다. 두 차원의 마음(본성)을 사이에 두고, 맹자는 선택한다. 인의예지의 도덕적 본성과 이목구비의 자연적 본성 가운데, 도덕적 인격의 길을 걷는 사람들은 자연적 본성을 진정한 본성으

경敬이란 무엇인가?

로 보지 말자! 대신 도덕적 본성에만 의거하여 삶을 이행하자! 이런 강요를 통해, 맹자의 심학은 도덕적 본성과 직접적으로 연관되면서 학문을 전개한다.[35] 그것은 궁극적으로 '차마 하지 못하는 마음'인 불인인지심不忍人之心을 인간 존재의 양보할 수 없는 요건으로 설정하는 작업으로 나아간다.

"맹자가 말했다. 사람은 누구나 차마 하지 못하는 마음이 있다. 옛날 훌륭한 임금은 사람에게 차마 하지 못하는 마음이 있었고, 그로 인해 사람에게 차마 하지 못하는 정치를 행했다. 사람에게 차마 하지 못하는 마음으로 사람에게 차마 하지 못하는 정치를 행하면 세상을 다스리는 일은 손바닥 위에 물건을 굴리는 것처럼 쉽다. 사람은 누구나 차마 하지 못하는 마음이 있다고 하는 이유는 다른 데 있는 것이 아니다. 지금 갑자기 한 어린 아이가 우물에 빠지려는 모습을 발견했다고 하자. 사람이라면 누구나 놀랍고 두려워하며 근심하고 슬퍼하는 마음이 들어 자기도 모르게 달려가 아이를 구할 것이다. 이는 어린 아이의 부모와 사귀기 위해 그런 것도 아니고, 마을 사람이나 친구들에게 아이를 구했다는 칭찬을 듣기 위해서도 아니며, 아이를 구하지 않고 그대로 내버려두었다는 원망의 소리를 듣기 싫어서 그런 것도 아니다. 이런 차원에서 본다면, 가슴 쓰라리게 아파하는 마음이 없으면 사람이 아니고, 자신이 착하지 않음을 부끄러워하고 남이 착하지 않음을 미워하는 마음이 없으면 사람이 아니며, 남에게 사양하는 마음이 없으면 사람이 아니고, 옳음을 옳게 여기고 그름을 그르게 여기는 마음이 없으면 사람이 아니다."[36]

'차마 하지 못하는 마음[不忍人之心]'은 남의 고통과 불행을 그대로 봐넘기지 못하는, 포용력 있는, 어진 마음이다. 맹자는 그것을 본구적本具的

이라고 강조한다. 우물에 아이가 빠지려고 할 때 인간은 일반적으로 어떤 욕망이나 사심도 없이 저절로 아이를 구하려는 감정이 발출한다. 그런 감정 중에는 부모와의 친교나 주변사람들의 칭찬 또는 용기 없는 행동에 대한 원망과 같은 것은 개입되지 않는다. 순수한 마음의 발출 그대로다. 이런 점에서, 사람이라면 누구나 보편적으로 측은惻隱, 수오羞惡, 사양辭讓, 시비 是非로 대표되는 선한 마음을 지니고 있다.

문제는 선한 마음, 인간의 도덕적 가치지향성이 내재되어 있음을 논리적·경험적으로 증명하기 힘들다는 데 있다. 이는 가치와 사실 사이의 간극이다. 이 둘 사이에서는 논증의 층차도 생기게 되고 사물을 바라보는 시선도 달라진다. 선한 마음의 내재를 논의하는 작업은 사실이 아니라 가치의 문제에서 진행된다. 즉 객관적 사물이나 행위의 영역에서 '그것은 무엇인가What is it?'를 다루기보다는 도덕적 영역에서 말해지는 사실을 다룬다. 불인인지심이나 본심, 성선에서 말하는 세계는 객관적 사실의 세계가 아니다. 이는 당위의 세계다. 당위의 세계는 주체적 결단을 통해 실천으로 옮길 때 객관적 사실로 드러난다.[37] 그러기에 맹자는 다음과 같이 마음의 문제를 고려한다.

"모든 사람은 지니고 있다! 남의 불행을 가엾고 애처롭게 여기는 마음을. 모든 사람은 지니고 있다! 자기의 옳지 못함을 부끄러워하고 남의 옳지 못함을 미워하는 마음을. 모든 사람은 지니고 있다! 공손하고 자신을 깨닫는 마음을. 모든 사람은 지니고 있다! 옳고 그름을 판단할 줄 아는 마음을. 남의 불행을 가엾고 애처롭게 여기는 의미의 측은지심은 인仁이고, 자기의 옳지 못함을 부끄러워하고 남의 옳지 못함을 미워하는 의미의 수오

경敬이란 무엇인가?

지심은 의義며, 공손하고 자신을 깨닫는 의미의 공경지심은 예禮이고, 옳고 그름을 판단할 줄 안다는 의미의 시비지심은 지智다. 인의예지는 외부로부터 나를 구속하여 장식한 덕이 아니다. 내가 본디부터 지니고 있던 것이다. 사람들이 이것이 본디부터 있음을 생각하지 못하고 알지 못했다. 때문에 스스로 구하면 얻고 내버려두면 잃는다. 그 결과로 얻은 사람과 잃은 사람의 차이는 두 배 혹은 다섯 배까지 벌어지고, 결국에는 셀 수 없을 만큼의 차이가 난다. 이는 본성으로 주어진 자신의 자질을 모두 발휘하지 못한 결과다."38

맹자는 사람의 마음에 인의예지가 녹아들어 있다고 주장한다. 그것은 어디까지나 인간에게만 고유固有하다.39 인간에게 고유한 것으로서의 마음은 자신에게서 가장 중요하다. 이는 외부로부터 주어진 것이 아니라, 하늘이 내린 벼슬, 즉 자연의 질서를 통해 스스로 부여받은 것이다. 그러기에 가장 귀한 것으로 내면에 간직된다. 그런데 눈여겨볼 대목이 있다. 그것은 본심本心과 사단四端, 본성本性이라는 전건前件과 그것을 잃은 후건後件 사이에 개입되는 사思와 구求다. 본심의 존재를 생각하거나 알고 있는지의 여부에, 마음의 보존에, 사활이 걸린다. 구하느냐 내버려두느냐에 따라 자질의 발휘 상황이 달라진다. 이런 점에서 마음은 내면에 간직된 고유성과 외면으로 이끌릴 유동성의 가능성으로, 늘 열려 있다. 맹자는 본심의 고유성을 적극적으로 인정하며 그것의 확충을 염원한다. 이는 특히, 측은지심과 수오지심, 사양지심, 시비지심의 네 가지 마음 가운데, 사양지심이 공경지심으로 전환된 상황을 통해 확인할 수 있다.

측은지심, 수오지심, 사양지심, 시비지심의 사단四端의 경우, 단端이라는 실마리를 부각시켜 말했다. 사람들이 그것을 채우고 넓혀가는 과정에서는, 실마리를 강조해서 말하지 않는다. 바로 그 마음에 드러나 쓰이고 사람의 몸에 행해지는 것이 중요하다. 사양지심은 예의 실마리였다. 하지만, 사양하는 마음은 밖으로 펼쳐지게 되어 있다. 그것이 공경恭敬이고, 공경은 안과 밖을 겸해서 실천되는 체인體認의 영역이다.[40]

경敬이 일상에서 '공恭'과 함께 우리에게 다가오는 이유도 여기에 있다. 평소 생활에서 '어른을 공경恭敬한다'고 할 때, 경은 공손恭遜과 존경尊敬으로 확장되어 공경恭敬으로 드러난다. 이때 겉으로 펼쳐 나오는 것이 공恭이고 마음에 보존되어 있는 것이 경敬이다.[41] 경은 인간 내면에 녹아들어 있는 마음의 자세이자 중추다. 공恭은 이런 마음이 행위로 펼쳐져 용모 상에서 겸손謙遜으로 드러나는 것이다.[42] 성리학자들의 일반적으로 이해한 공과 경은 다음과 같은 양상으로 정돈된다.

"신체가 엄정하고 용모가 단정한 것은 공恭의 뜻이 있다. 공은 경이 밖으로 나타나는 것이고, 경은 공이 마음에 보존되어 있는 것이니, 경과 공은 두 물건이 아니다. 이는 마치 형체와 그림자와 같다. 공은 용모를 근본으로 하고 경을 일을 근본으로 한다. 어떤 일이 있어 마음에 두고 그 마음을 바꾸지 않고 행하는 것이 경이다. 공은 밖에 나타나고 경은 마음 가운데 자리하니, 몸을 정성껏 하는 것으로 말한다면 공이 비교적 긴요하고, 일을 행하는 것으로 말한다면 경이 간절함이 된다."[43]

공恭과 경敬은 사실 어느 하나도 소홀히 할 수 없는 수양 양식이다. 그러나 유학은 '수기이경修己以敬'을 앞세운다. 이는 경을 근본에 둔다는 의미다.[44] 누차 강조했지만 내면적 성찰省察과 함양涵養을 중시하는 것이 경이

경敬이란 무엇인가?

다. 그러기에 공자는 나라 다스리는 도리를 말할 때도 "일을 맡아서는 그 일의 실제 내면인 본질을 깨닫고 백성에게 신뢰를 주라"[45]고 했다. 또한 거처할 때 공손히 하고, 일을 집행할 때 공경하며, 사람을 대할 때 마음을 다해야 한다"[46]고 했다. 그리고 중궁仲弓이 "자신이 경敬에 처해 있으면서 간략함을 행한다"[47]라고 했을 때 그 말을 적극 수긍했다. 이는 인간의 일 삶음, 일상의 거처가 공경하게 될 때, 건전한 삶이 구성될 수 있음을 강조 한 것이다. 일상생활에서 공경을 삶의 표준으로 인식한 것이다. 신중해야 할 부분은 경이 개인의 내면을 바탕으로 철저히 외면으로 표출되어 사회 적 관계 맥락을 고려하고 있다는 점이다.

이런 사유의 실천은 맹자에서도 예외는 아니다. "어려운 일을 임금에게 요구하는 것을 공恭이라 하고, 선善한 것을 말하여 사악한 마음을 막는 것 을 경敬이라 한다."[48] 높은 사람에게 요청하는 상황은 매우 조심스럽고 신 중한 모습을 보여준다. 또한 선을 말하여 악을 막는 것은 진실한 마음에 서 우러나오는 중요한 사안이다. 공경은 그런 모습으로 드러난다. 또한 "남 을 공경하는 자는 남이 항상 공경해준다"[49]라고 하여 인간 상호간의 행 위 지침을 일러주기도 한다. 그리고 "공경은 폐백을 받들기 전에 이미 있 는 것"[50]이라 하여, 어떤 외부적 물질이나 형식 이전에 주어져 있는 내재 적 가치임을 말하기도 했다.

그렇다면 이러한 경의 수양 공부가 조선의 지식인들에게는 어떤 양상 으로 인식되고 실천을 고민하게 만들었을까? 조선 유학을 한층 높은 경지 로 끌어올린 퇴계 이황과 남명 조식을 통해 경 공부의 사유와 실천을 살펴 보는 것도 조선의 경 공부 전통을 이해하는 데 도움이 될 만하다.

1장 풀이하는 글

4

퇴계와 남명의 경 공부

퇴계의 경 실천

퇴계 이황의 학문은 한마디로 경敬으로 똘똘 뭉쳐진 '경 사상의 유기체'라고 해도 과언이 아니다. 그의 주요 저술 가운데 하나인『성학십도聖學十圖』가 그것을 대변한다.『성학십도』의 열 가지 그림을 꿰뚫고 있는 핵심 내용이 경敬이다.[1] 이는『성학십도』가 경 사상의 체계임을 일러준다.[2] 특히 그림의 후반부인 제8「심학도心學圖」, 제9「경재잠도敬齋箴圖」, 제10「숙흥야매잠도夙興夜寐箴圖」에서는 마음 공부를 위한 노력과 '경敬'의 실천 단계에 필요한 구체적 절목을 제시한다.[3] 이는 제1「태극도太極圖」에서 제7「인설도仁說圖」에 이르기까지 유학의 원리와 이론적 설명에 뒤이어, 인간의 삶에서 수양이 얼마나 중요한지를 구체적으로 보여준다. 유학의 궁극처는 우주 본질론이나 인성론 등 이론적 구성에 있다기보다는 그것을 바탕으로 이루어지는 수양의 구현, 이른바 정치와 교육의 실천에 있다. 그것은 정교政敎의 양식으로 표출된다. 특히「경재잠도」에서는 "경이 성학聖學의 처음

경敬이란 무엇인가?

과 끝"[4]이라고 하며, 퇴계는 자신의 학문이 유학의 전통을 철저하게 계승하고 있음을 밝혔다.

앞에서 언급한 것처럼, 경敬은 내면적 성찰과 함양, 마음공부의 차원에서 인식되었다. 그것은 퇴계에게서 마음공부의 중요성을 부각하여, 심학心學의 차원을 강조하게 만들었다. 주지하다시피, 유학의 심학心學은 『서경書經』의 '16자 심법心法'에 근거를 두고 있다.[5] 인심人心과 도심道心 사이에서 정精과 일一의 전통 유학 공부법을 구현하려는 작업이 심학의 구체적 목표다. 통일된 마음가짐, 오직 한 가지로 몰입하는 집중은 마음을 자주적이고 자유스러우며 자각하는 상태에 있게 한다. 나아가, 모든 사물과 행위에 반응하면서 올바름을 지키고 사악한 부분을 막아낸다.

퇴계의 고민은 이러한 마음가짐을 지니기가 어렵다는 데 있었다. 물론 제자들이 볼 때, 퇴계는 외면과 내면이 단정했다. 마음의 안과 몸가짐의 밖이 한결 같았다. 자신의 행동 하나하나가 일에 영향을 미치도록 하여 털끝만큼도 의심이 가지 않도록 공부에 열중했다. 그러나 이와 같이 한결같은 마음을 지키는 작업은 한 가지 일이나 한 가지 물건에만 마음을 쏟고 다른 일에 소홀히 하는 집착과는 구별해야 한다. 특정한 사물에 마음이 얽매이면 오히려 마음을 빼앗기고 스스로 각성할 틈이 사라진다. 그것이 맹자가 말한 방심放心의 상황이다.

퇴계는 이러한 유학 전통을 계승하면서도 더욱 발전시켜나가면서 다음과 같은 실천적 차원의 경敬 공부를 강조한다. 첫째는 단정한 몸가짐을 통한 경의 실천이요, 둘째는 늘 깨어 있는 자세로 자주적 의식의 각성을 이행하며, 셋째는 이를 통해 도덕적 자아를 구현한다. 먼저, 단정한 몸가짐의 실천적 측면을 보자.

퇴계는 학문하는 사람들이 공통적으로 부딪치는 오류가 바로 마음의 왜곡된 집착執着에 있다고 보았다. 공부의 주체는 우리 자신의 마음이다! 이를 위해 퇴계가 첫 번째로 착수할 문제는, 경의 네 가지 조목 중에서도 "일상에서 자세를 가다듬고 마음을 엄숙하게 가지는 정제엄숙整齊嚴肅"의 실천이었다. 퇴계는 「언행록言行錄」 '지경持敬'에서 신중하게 말한다.

"경敬에 관한 학설이 많으나 정자程子, 사상채謝上蔡, 윤화정尹和靖, 주자朱子 이 네 사람의 이론이 핵심을 찌르고 있다.[6] 학자로서 어떤 사람은 늘 깨어 있는 마음공부를 하려고 하고, 어떤 사람은 한 가지 사물도 마음에 담아두지 않으려는 공부를 하려고 하지만, 무엇을 찾는 데만 급급하여 마음을 이리저리 맞추기에 급급하다보면, 맹자가 지적한 이삭을 뽑는 식의 병통이 생기지 않을 사람이 없을 것이다. 그리고 조장하지 않고자 하여 마음을 조금도 쓰지 않으며 농사를 버려두고 김을 매지 않는 병통에 이르지 않는 사람 또한 드물 것이다. 처음 공부하는 사람에게는 정제엄숙整齊嚴肅의 공부만한 것이 없다. 무엇을 억지로 찾으려 하지도 않고, 이리저리 맞추려 하지도 않고, 자나 컴퍼스와 같이 정해진 기준에 근거하여 남이 보지 않는 곳에서도 경계하고 삼가서 마음이 함부로 날뛰지 않게 하라. 그렇게 오래 공부하다보면 저절로 늘 깨어 있는 마음을 지닐 수 있고 한 가지 사물도 마음에 담아두지 않게 되어, 조금도 조장하려는 마음과 같은 병통이 없게 될 것이다.

퇴계 이전의 여러 성리학자에 따르면, 경敬에 관한 네 가지 주요한 정의가 있었다. 그것은 "주일무적主一無適"과 "상성성법常惺惺法" 그리고 "기심수렴불용일물其心收斂不容一物"과 "정제엄숙整齊嚴肅"이다. 이중에서 앞의 세 조목은 경敬의 내면적 차원을 의미하고 네 번째 조목인 정제엄숙은 외면적 차원을 말한다.[7] 퇴계는 경의 핵심 요소인 "단 하나를 붙들 뿐 다른 곳으로 가지 말라"라는 주일무적이나, 늘 깨어 있기를 요청하는 상성성법, 그리고 심신의 수렴을 뜻하는 기심수렴 불용일물 등 경의 내면적 차원을 앞세우지 않았다.

대신, "자세를 가다듬고 마음을 엄숙하게 가지라!"는 외면적 예의와 몸가짐을 강조했다. 그것은 실제 행동의 지침이자 공부의 중추로 예의와 몸가짐을 통해 내면이 안정되고 통일된 중심을 갖게 하는 작업이다.[8] 이 부분에서 경을 이해하는 퇴계의 지혜가 번뜩인다. 퇴계는 성誠과 경敬을 공부의 두 축으로 두려는 성리학자들의 견해를 부정하는 것은 아니다. 하지만 두 가지 축을 이론적으로 강조하는 데서 벗어나 경을 보다 강조하려는 사유의 증폭을 자기 색깔로 드러낸다. 퇴계는 경을 인식할 때, 주일무적이나 상성성법, 마음의 수렴과 같이 쉽게 다가오지 않는 개념보다는 실제 행위로 나타날 수 있는 실천에 무게 중심을 두었다.

그리고 자신에게는 물론 제자들에게 간절히 호소한다.

정제·엄숙할 것

위엄스럽게 하고 조심할 것

용모를 바르게 할 것

모든 생각을 바로 잡고 가지런히 할 것

의관을 똑바로 하고 보는 것을 공경히 할 것

이런 예의 바른 자세로 삶에 몰입할 때, 마음은 올바르게 될 것이다. 퇴계는 내면에서 실제로 펼쳐지고 실천되는 마음공부를 제쳐두고, 겉으로만 드러난 이론에 치우친 공부를 철저히 경계한다.

"진정으로 알고 실천하는 것을 자신의 일로 삼지 않고, 몇 가지 지식으로 선후를 분별하는 것만을 위주로 하면, 이는 잘못된 공부법이다. 많은 사람이 지금 심心이 통하느니 성性이 통하느니 하면서 자신의 학설을 제기하고 있다. 이는 마음을 잡고 보존하고 함양하는 공부에 비한다면, 상대적으로 긴요한 것이 아니다. 어찌 고생스럽게 선후를 나누며 이렇듯 한가로운 논쟁을 해야만 하는가? 내 생각에 이와 같은 미묘한 생각은 내려두고, 경敬으로 내면을 바르게 하는 일을 일상 공부의 제일 원리로 삼는다면, 실제적인 공부가 될 수 있다. 아울러 노력하기를 오래하여 거듭 익히고 밝게 알아서 한 근원의 묘리로 모이게 한다면, 심성心性이 움직이고 고요하다는 이론 또한 특별한 논의 없이 홀로 마음으로 깨달을 것이다."9

퇴계는 왜 지식적 개념을 다루는 이론보다 마음을 잡고 보존하며 내면을 바르게 하는 실천적 작업을 강조하는가? 인간은 천리天理와 인욕人慾 사이에서 끊임없이 싸우는 존재다. 그러기에 인간으로서 도덕적 완성을 기하려면 자기의 마음에 일어나는 일에 대하여 항상 세심한 주의를 기울여 성찰하고 인욕의 침입이나 유혹을 배제하여 자기의 본성에 갖추어져 있는 천리天理가 실현되도록 해야 한다. 왜냐하면 인간은 욕망으로부터 자유롭지 못하다. 그러기에 욕망을 억제하고 마음에 일어나는 사려思慮를 제거하고 막기 위해서는 수양이 요청되기 때문이다.10 그 실천적 방법의 핵심이 바로 경敬 공부다.

두 번째, 퇴계는 경을 자주적 의식의 각성으로 이해했다. 외면적으로 바른 예의와 단정한 몸가짐을 통해 마음을 붙잡았다면, 인간은 이미 '교육받은 사람'의 경지에 이르렀다고 판단할 수도 있다. 그러나 그렇지 못한 경우에는 어떻게 해야 하는가? 퇴계는 그런 상황에 대비라도 하듯이, '의식의 각성'을 강조한다. 그것은 앞에서 언급한 늘 깨어 있는 마음, 이른바 "상성성법常惺惺法"의 강조다. 상성성법은 밤하늘에 반짝이는 별처럼 의식을 또렷하게 지속하는 깨어 있는 마음 상태다. 퇴계는 자신은 물론 제자들에게 끊임없이 마음을 붙잡아두고 정신을 집중하라고 요구한다. 제자 정자중에게 부탁하는 말은 정말 간절하다. "경은 한곳에 몰입하여 다른 쪽으로 마음을 쓰지 않는 공부법이다. 마음을 집중하여 항상 경각심을 가지면서 사사로운 욕심이 생기지 않도록 자기 성찰을 게을리 하지 않아 자기를 지키는 방법이다."[11] 그러한 경敬의 자세만이 공부의 특효약이다.

늘 경계하고 삼가면서 두려운 마음을 유지하여 깨어 있기를 요청하는 경敬 공부는, 달리 표현하면, '양심良心의 자각自覺'이다. 경은 존엄한 것에 대한 존경尊敬이자 외경畏敬이며 그와 동시에 자신의 마음을 삼가는 작업이다. 그러므로 언제나 인간의 본래성을 불러일으킨다.[12] 양심의 깨침에 따라 양심의 소리를 내지른다. 이는 지식을 통한 형이상학의 외현外現이 아니라, 형이하학이 내면內面으로 파고들어 영혼에 힘을 불어 넣는 열망을 담고 있다.

물론, 상성성법은 이기론적理氣論的 형이상학에 근거하여 행위의 실천 양식으로 전이되었다. 퇴계는 「천명도설天命圖說」에서 마음이 텅 비고 신령스러우며 어둡지 않은 것〔虛靈不昧〕을 의식의 각성 상태라고 설명했다. 허

虛자 아래에 이理라고 쓰고, 령靈자 아래에 기氣라고 주석을 달고 있는데, 이는 의식의 각성이 우주론적 이기理氣의 호흡인 동시에 그 수렴과 확산임을 일러준다. 이때 각성은 늘 자신이 주인이 되는 자주적 특성을 지닌다.[13] 그런 깨달음의 끝은 퇴계 자신의 호를 비롯하여 묘갈墓碣에서도 드러나듯이, 퇴도만은退陶晩隱이라는 겸손과 삶의 깨달음이 상징적으로 말해준다.

마음으로 깨닫기 위한 퇴계의 수양 태도는, 진정으로 마음을 주고받은 편지 글을 묶는 데서 확인할 수 있다. 유명한 『주자서절요朱子書節要』와 『자성록自省錄』의 편찬이 그것이다. 퇴계는 두 저술의 서문에서 다음과 같이 고백한다.

"나는 병을 핑계로 관직을 그만두고 고향으로 돌아왔습니다. 그리고 거의 매일 문을 닫고 조용히 주자의 책을 읽었습니다. 책을 읽으면 읽을수록 말은 맛이 있고 뜻은 깊이가 있음을 느꼈습니다. 특히 서찰書札을 읽으면서 느끼는 것이 많았습니다. 글의 내용을 보면, 사람의 재능이 높고 낮음에 따라, 학문이 깊고 얕음에 따라 그 장단점에 맞추어 적절한 처방을 해주었습니다. 사물에 부딪쳐서는 저울질하듯이 헤아려, 때로는 낮추고 때로는 높이며 때로는 머물게 하고 때로는 나아가게 합니다. 이처럼 심술心術의 은미隱微함을 고려하여 마음공부를 하니, 털끝만큼의 사악함도 용서하지 않게 되고, 의리를 캐낼 때는 조그마한 차이점도 밝혀낼 수 있게 되었습니다."[14]

"옛사람들이 말을 함부로 하지 않는 것은 자신의 실천이 그것을 따르지

경敬이란 무엇인가?

못함을 부끄러워했기 때문입니다. 그간 벗들과 편지를 주고받으며 학문을 논의하면서 부득이하게 말을 하지 않을 수 없었습니다만, 지금 보니 부끄럽기 짝이 없습니다. 하물며 말한 뒤에 저쪽에서는 잊지 않았지만 나는 잊어버린 것이 있고, 나는 잊어버리지 않았지만 저쪽에서 잊어버린 것도 있었습니다. 이렇게 되면 이는 부끄러운 일일 뿐 아니라 기탄없는 것에 가까우니 매우 두려운 일입니다. 그동안 옛 상자를 들추어 보존되어 있는 편지를 다시 베껴 책상 위에 두고 때때로 열람하면서 마음공부의 자료로 삼으려고 합니다."15

두 저술의 서문은 공통적으로 마음공부의 문제를 논의한다. 그것은 경敬 공부로 삶을 추스르려는 자기 의지의 표명이다. 이렇게 겸손한 자세로, 퇴계는 자신의 의식을 일깨우며, 마음공부를 실천해나갔다. 그것은 학문적 깨달음이나 삶의 깨우침을 중심에 둔 각성된 상태다. 의식의 각성을 생명으로 하는 경敬을 주축으로 사람다움을 실현하기 위한 일종의 몸부림이었다. 이런 차원에서 퇴계는 경敬을 공부의 핵심 방법으로 부각시켰다.

세 번째, 경은 도덕적 자아의 구현이다. 공부는 인간의 삶 속에서 다양하게 펼쳐진다. 교육이나 학습, 사물을 처리하는 과정에서 전문성 확보는 물론 행동을 통해 심층적으로 확장되기도 한다. 앞에서 살펴본 것처럼, 퇴계의 경우 정제엄숙整齊嚴肅의 몸가짐과 의식의 각성에 의거하는 경敬 공부를 인간 실현의 지도 이념으로 삼았다. 그것은 유학적 수양의 중심 개념이자 실천 양식으로 설정되었다. 그렇다면, 이러한 경敬은 왜 하는가? 아니, 왜 해야만 하는가? 그것은 유학에서 인간의 도덕적 자아 구현이라는 당위로 귀결한다. 유학은 맹자의 선단론善端論[16] 전통을 이어받으면서 선한 본성의 확충을 통한 도덕적 자아 구현을 목표로 해왔다. 퇴계의 경은 이런 목표 달성의 바탕이 된다. 따라서 경 공부는 수양의 완성을 가능하게 해주는 하나의 지침으로서, 도덕적 자아 구현을 위한 몰입을 요청한다. 물론, 경에 대한 이해는 지행호진知行互進의 인식론적 방법이나 존양성찰存養省察의 가치론적 탐구로도 가능하다. 그러나 퇴계에게서 수양은 단순히 존재론·인식론·가치론 등으로 나누어 설명할 수 있는 것이 아니다. 퇴계의 교육 정신은 진지眞知[17]와 역행力行이 서로 나아가며, 거경궁리居敬窮理와 존양성찰存養省察이 합일하는 곳에 있기 때문에, 경은 이러한 모든 방법을 한데 묶는 통일統一 혹은 중심中心 개념으로 이해된다. 특히 퇴계는 스스로 마음에서 우러나오는 도덕적 인격을 구현하는 길을 배움의 근본이념으로 설정하고 그것을 경敬에서 찾으려고 했다.

사람에게서 배움의 태도는 다음과 같이 되어야 한다. 일이 있고 없고 뜻이 있고 없고를 막론하고 오로지 경敬을 핵심으로 하여, 움직일 때나 고요할 때나 그것을 잃지 않아야 한다. 그렇게 되면, 생각이 생겨나기 전에는 마음의 본체는 텅 비어 있으면서도 밝고, 마음의 본질은 아주 순수해진다. 생각이 생겨난 후에는 의리가 밝게 드러나고 물욕이 멀어져 분란을 일으킬 위험성이 점차 줄어든다. 그러한 순간들이 오래토록 쌓이고 쌓여야 배움의 목적을 달성할 수 있다.[18]

배움의 바탕은 오직 경敬에 달려 있다. 퇴계에 의하면, 경은 모든 사물에 대하여 그 이치와 까닭, 존재 이유를 깊이 밝히고, 온전하게 이해하여 몸에 배게 하며, 세월이 오래되어 공력이 깊어지면 하루아침에 녹아들어

확 뚫리게 하여 삶을 건전하게 이끌어가는 바탕이다.[19] 그러기에 경은 "한 몸을 주재하는 모든 일의 근본"이라고 했다.[20]

그것은 심성心性의 본체 차원, 다시 말하면, 심성이 움직이기 이전의 상태에서는 심체心體가 텅 비고 밝음과 심성心性의 통일을 보장한다. 즉 심성의 순수성을 유지해주고 그 내면적 천리天理의 명철성을 담보한다. 아울러 그 내면적 천리가 마음 작용의 주체로서 자리를 확보하게 해준다. 심성의 작용 차원, 즉 심성이 움직이는 동안의 상태에서는 의리義理를 밝히고 물욕物慾을 멀리하게 하는 일을 담당한다. 내면적 이치가 밝게 드러나고 그 이치의 구현이 욕심에 의해 영향을 받지 않게 하여 마음 작용의 순수성과 명철성을 유지하여 그 내면적 이치가 실제적으로 현실 속에서 구현될 수 있도록 해준다.[21] 이처럼 도덕적 자아의 구현은 경敬 공부를 통한 마음의 운용에서 실현된다.

마음의 운용은 일상의 동정動靜 가운데 진행된다. 동정의 사이에서 경敬은 도덕적 자아를 구현하기 위해 어느 한쪽의 과잉이나 부족함이 없게 중용의 자세를 취한다. 그런 차원에서 경은 평범한 일상생활, 그 동정의 사이 세계에서, 동 가운데 정이 있고 정 가운데 동이 있는 일동일정一動一靜하는 저 자연을 지나침도 모자람도 없이 본받고자 하는 중용의 생활 자세다.[22]

퇴계는 경敬 공부를 통해 유학의 심학 전통인 선한 도덕성을 갖춘 인간에게 그것을 구현하게 만든다. 그러기에 경의 생활태도는 단정한 몸가짐과 태도를 통한 예의의 실천과 늘 깨어 있는 마음의 자각을 통해, 학문의 방법인 동시에 수양의 기본 바탕인 실천적 힘으로 자리한다. 요컨대, 경은 도덕적 자아 구현의 핵심 방법으로 교육적으로 자리매김 된다.

남명의 '경의敬義' 실천

남명의 사상을 흔히 '실천' 중심으로 이해하는 경우가 많다. 그것은 남명 이외의 여러 학자가 실천 중심적이지 않고 이론 중심적이라는 암묵적 전제에서 강조된 표현이다. '실천' 중심이라는 말을 남명의 학문이나 사상, 교육의 특성을 드러내기 위한 언표로 채택할 수는 있겠지만, 그런 강조의 표현이 오히려 남명의 학문을 오독誤讀하게 만들 수도 있다.[23]

남명의 사유는 그의 문집인 『남명집南冥集』은 물론 수제자 내암來菴 정인홍鄭仁弘이 편집한 남명의 독서기인 『학기유편學記類編』에서 충분히 가늠할 수 있다. 『근사록近思錄』의 체재에 맞추어 편집한 『학기유편』을 보면 남명은 철저하게 성리학에 심취해 있다. 기존의 여러 연구에서 남명의 사유를 '실천' 중심이라고 표현한 것은 이론만을 따지는 공리공담空理空談이 아니라는 점을 강조하기 위한 장치겠지만, 남명은 철저하게 성리학으로 무장한 학자다. 『학기유편』에서 정돈한 주자를 비롯한 선현들의 학문 이론 발췌에서 「용마도龍馬圖」 「심통성정도心統性情圖」 「소학대학도小學大學圖」 「경도敬圖」 「성도誠圖」 「심위엄사도心爲嚴師圖」 등 여러 그림은 퇴계의 『성학십도』와 거의 다름없는 유학 이론의 진수를 담고 있다. 이런 점에서 남명 자신과 후학들이 언급한 '경의敬義', 특히 의義에 매몰되어 남명이 추구한 사유를 오독해서는 곤란하다.

그렇다면, 경敬과 의義가 어느 정도, 어떤 차원에서 남명의 학문 사상의 중심에 놓이는지 그 근거를 확인할 필요가 있다. 앞에서도 언급했듯이, 사람은 짐승과 다르게 목적의식과 가치를 생명으로 한다. 그 핵심이 앞에서 살펴보았던 『서경』과 공자, 맹자를 거치면서 형성되는 윤리 도덕, 이른바 오륜이라는 관계의 질서다. 경은 그 중심에 자리하는 마음 자세이자, 삶의 태도요 공부의 양식이다. 유학자들이 경의 태도를 자기 학문의 좌우명으로 삼은 것도 그런 이유 때문이다. 남명은 그것에 충실했다.[24]

유학에서 경의 맥락은, 앞에서 논의한 것처럼, 공자의 인간 지향에서 구체적으로 발견할 수 있었다. 자로가 군자君子에 대해 묻자 공자가 말하는 대목에서다. 공자는 세 가지를 제시한다. 먼저, 경敬으로 몸을 닦고, 다음에 몸을 닦아 사람들을 편안하게 하며, 마지막으로 몸을 올바르게 잘 닦아 백성이 편안하게 살 수 있도록 하는 사람이 군자에 해당한다. 공자는 수기修己, 즉 수양의 문제에서 경을 지목했다. 자신의 '몸'을 잘 닦아서 정돈해 인간을 완성할 것을 꾀했다. 그것은 사람다운 인격체를 형성하는 근본이자 일차적 문제였고, 사람들을 편안하게 만드는 인간에 대한 배려였다. 모든 사람에게 그런 배려가 확장되게 할 때 군자의 경지에 이른다. 유학의 학문 논리가 그러하다.

이 경敬의 근원적 출처가 『주역』이었다. 『학기유편』에서 '도의 통체를 논의함〔論道之統體〕'의 과정에서 남명이 역易이나 천도天道에 이어 심성心性과 인설仁說을 자세하게 파악하려는 노력은, 그 무엇보다도 경의 문제를 고심하기 위한 것으로 이해된다. 성리학의 구조상 그것은 필연적일 수밖에 없다. 정인홍이 『근사록』의 체제에 따라 스승 남명의 평소 학문 활동을 정돈했다면 더욱 그러하다.

주자는 이러한 '경敬' 공부를 유학에서 가장 중요한 삶과 학문의 양식으로 인식했다. 때문에 '처음부터 끝까지 잠시라도 중단해서는 안 된다'고 강조했다.[25] 유학에서 학문은 주자의 말처럼, 이 '경敬'자 하나에 집중되어 있

다고 해도 과언이 아니다. 수양의 제일 근거이자 근본으로서 경은 인간의
마음에 내재적 가치로 배어 있어야 한다. 그러기에 '경' 공부는 유학자에
게 생명과도 같았고 인생에서 한 순간이라도 쉽 없이 전개되어야 하는 삶
자체였다. 그것이 이른바 '거경居敬'이다. 유학의 교육은 거경을 일상생활에
서 전개하기 위한 바탕을 마련하고 그것을 실천하는 작업이었다. 이런 자
세는 남명 자신이 새긴 「명銘」과 「무진봉사戊辰奉事」에서 열망이자 소신으
로 드러난다.

"사악함을 막아 착한 마음을 보존하며, 말을 다듬어 자신을 세우라. 일
찬 삶을 구하여 한결같이 추구하려면 경을 바탕으로 하여 들어가라."26

"속에 마음을 보존하여 혼자 있을 때 삼가는 것은 하늘의 덕이고, 밖으
로 살펴 그 행동에 힘쓰는 것은 왕의 도리입니다. 이치를 궁구하고 몸을 닦
으며 속에 본심을 보존하고 밖으로 자신의 행동을 살피는 큰 공부는 경을
위주로 해야 합니다. 이른바 경이라는 것은 정제하고 엄숙하여 항상 마음
을 깨우쳐 어둡지 않게 하는 것입니다. 한 마음의 주인이 되어 모든 일에 응
하는 것은 안을 곧게 밖은 방정하게 하는 일입니다. 공자의 '경으로 몸을 닦
는다'는 말이 이것입니다. 그러므로 경을 주로 하지 않으면 마음을 보존할
수 없고, 마음을 보존하지 못하면 세상 이치를 캐물어 탐구할 수 없으며,
이치를 캐물어 탐구하지 못하면 사물의 변화를 다스릴 수 없습니다."27

이런 남명의 열정은 학문의 과정에서 성실과 더불어 그대로 드러난다.
『학기유편』의 「학문을 하는 요체爲學之要」에서 「소학대학도」에 이어 「경도」
「성도」가 나란히 배치되고, '소학-대학-경·성'으로 이어지는 학문의 과정
이 연속적으로 가지런히 정돈된 것은 그런 측면을 잘 보여준다. 남명은 주

자의 '소학–대학의 연속체'를 학문의 요체로 그대로 이어받았다. 그리고 『성리대전』을 비롯한 『이정전서二程全書』 『대학』[28]의 이론을 학문의 목적과 내용, 방법으로 적극 받아들인다. 그 논리의 시작은 다음과 같다.

"주자가 말했다. "이론이 먼저이고 실천이 나중인 것은 의심할 여지가 없다. 그러나 여기에 얕고 깊으며 작고 큰 차이가 있다. 소학은 흐트러진 마음을 거둬들이는 공부다. 예악·사어·서수로 덕성을 기르는데 이는 지식 가운데 얕은 것이며 실천 가운데 작은 것이다. 대학은 의리를 살피는 공부다. 성의·정심·수신의 여러 가지 일을 이루어가는데 이는 이론 가운데 깊은 것이며 실천 가운데 큰 것이다. 소학의 성취를 통해 대학 공부로 나아가려고 할 때 깊이 함양하여 실천하는 바탕이 없으면 어찌 복잡한 일에 뒤얽힌 어지러운 마음을 가지고 여유 있게 사물의 이치를 연구하여 참된 지식을 얻을 수 있겠는가?"[29]

이 독서 기록에서 남명은 무엇을 '학문하는 요체'로 삼았는가? 그 첫 단추를 눈여겨 볼 필요가 있다. 결코 '경敬·의義'만을 앞세운 실천이 아니다! '지知가 먼저이고 행行이 나중'이라는 의심할 여지가 없는 주자의 공부법이다. 지는 이론으로 이해할 수 있고 행은 실천으로 대비할 수 있다. 주자와 여조겸呂祖謙이 『근사록』의 「도체道體」에서 인간 본성의 근본과 도의 본체·체통, 학문의 강령을 논의했듯이, 남명도 『학기유편』에서 그것을 아주 길게 언급한 것으로 보아 매우 중요하게 여겼다. 그리고 본격적 학문론인 「학문을 하는 요체」에 들어서면서, 앎(지식, 이론)의 중요성을 다시 편친다. 그 첫 대목이 '소학'과 '대학' 공부다. 『학기유편』의 「소학·대학도」는 아래와 같이 분류·정돈한다.

小學	大學
收放心	察義理
灑掃應對進退 禮樂射御書數	窮理正心 修己治人
養其德性 涵養本源	措諸事業 進德修業
知之淺 行之小	知之深 行之大

「소학·대학도小學大學圖」1

　　'소학-대학'의 학문 과정을 이해한 후, '경敬'은 '대학' 공부를 하는 가운데 개입한다. 동시에 중용의 '성誠'을 간절히 요청하여 공부의 내면으로 융합한다. 그 과정은 『대학』의 팔조목에서 수신修身 이전의 격물-치지-성의-정심에 긴밀하게 녹아든다.

　　"주자가 말했다. '학문의 실제는 실천에 있다. 이론적으로 알기만 하고 실천하지 못한다면 진정으로 배우지 않은 것과 같다. 그러나 실천하려고 했지만 이치를 제대로 이해하지 못한다면 실천한 것이 또 제대로 열매를 맺을 수 없다. 그러므로 대학의 공부는 뜻을 성실하게 하고 마음을 바르게 하는 것을 근본으로 하지만 반드시 사물의 이치를 궁구하는 것과 앎에 이르는 것을 우선으로 한다.' '뜻이 성실해지면 마음이 펼쳐지는 것이 이미 온전해진 것인데 무엇 때문에 다시 마음을 바르게 합니까?' '마음 씀씀이는 본래 텅 빈 마음으로부터 나와야 한다. 마음을 비우면 마음 바탕이 치우침이 없고 씀씀이 또한 온전해진다.' '이는 비유하면 한 줄기의 대나무와 같은데, 대나무가 한 줄기라 하더라도 그 사이에 여러 마디가 있는 것과 같다.' '마음 씀씀이가 바르더라도 또 그 바탕을 바르게 하지 않으면 안 되는데, 이것이 뜻이 성실해지고 난 후에 마음이 바르게 된다는 말이다.'"30

경敬이란 무엇인가?

이 과정에서 경敬은 '명명덕明明德－신민新民－지어지선止於至善'의 3강령을 바탕으로 '격물格物－치지致知－성의誠意－정심正心'에서 '수신修身－제가齊家－치국治國－평천하平天下'로 나아가는 팔조목을 구현하는 방향의 힘이 된다. 그런 경의 바탕이자 전제로서 표리 관계를 이루는 것이 성誠이다.

천도天道의 움직임인 자연의 질서 체계는 진실 그 자체로서 이치대로 운행한다. 일그러짐 없이 존재하고 운행한다. 그것이 성誠이다. 이 성은 하늘을 본받으려는 인간에게도 그대로 간직되었다.[31] 인간도 우주의 형상을 이어받은 소우주이므로, 우주적 진실은 내면으로 파고든다. 이것이『중용』에서 이른바 천명天命으로서의 성性이다.[32] 여기에서 성은 인간의 도덕적 품성이 된다.[33] 그리하여 성誠은『중용』의 "천명지위성天命之謂性－솔성지위

```
       小學  ────────  大學
```

```
              敬
   明明德 新民 止於至善
   格物 致知 誠意 正心 知
   修身 齊家 治國 平天下 行
```

```
              誠
   天命性 率性道 修道教
          智 仁 勇
            費隱
          天道 人道
```

『소학·대학도小學大學圖』2

도率性之謂道 - 수도지위교修道之謂教"의 머릿장을 기초로 지智·인仁·용勇과 비은費隱, 천도天道와 인도人道의 합일을 통해 참됨을 모색한다. 그것은 「소학·대학도」의 아랫부분에 차례대로 위치한다.

경敬과 성誠의 융합은 이제 『학기유편』「성도誠圖」에서 융합되어 신뢰〔信〕를 근거로 필연적으로 의義[34]로 나아간다. 그 학문은 '경과 성'의 관계 설정과 의미 부여를 통해 뿌리를 내린다.

"정자가 말했다. '하나를 위주로 하는 것을 경敬이라고 하는데, 여기에서 하나는 성실〔誠〕을 말한다. 성실하면 경하지 않음이 없다. 성실하지 못했다면 경을 한 후에 성실하게 된다.' 주자가 말했다. '성이라는 글자는 도리의 측면에서는 실제로 있는 이치이고 사람의 입장에서는 실제로 그렇게 하려는 마음이다. 그것을 유지하고 주재하는 것은 오직 경이라는 글자에 달렸다.' 장남헌이 말했다. '성은 하늘의 도리이고 경은 인간이 하는 일의 근본이다. 경의 도리를 이루면 성이자 하늘이 된다.' 진북계가 말했다. '성실은 자연스럽게 그러한 것이고, 신뢰는 인위적으로 힘쓰는 일이다. 성실은 자연의 이치이고 신뢰는 인간의 마음이다. 성실은 자연의 도리이고 신뢰는 인간의 도리다. 성실은 자연이 인간에게 부여한 명령을 말하고 신뢰는 자연으로부터 부여받은 인간의 본성을 말한다. 성실은 도리를 말하고 신뢰는 덕성을 말한다.' 단서에 말했다. '경이 게으름을 이기면 길하고 게으름이 경을 이기면 멸망한다. 의가 욕망을 이기면 순조로워지고 욕망이 의를 이기면 흉해진다.'"[35]

자연의 도리인 성誠은 그것을 본받아 나가는 인사의 근본인 경敬과 짝하여 신뢰〔信〕로 인간의 일에 힘쓴다. 그것은 자연스럽게 의義로 연결되는 구조를 지닐 수밖에 없다. 왜냐하면 "경건한 마음가짐을 지니는 것은 의로움을 정밀하게 만드는 근거"[36]이기 때문이다. '경과 의'의 관계는 비유하면, "경은 거울이고 의는 이 거울을 통하여 비추는 것이다."[37] 의는 경으로 파고들어 경의 일부가 되어 있으면서 겉으로 표출되는 일종의 에너지이자 힘이다.

"경과 의 이 두 둘은 상황에 따라 적용하고 오랫동안 스스로 노력하는 가운데 힘을 얻는다. 의리와 관계되는 일 가운데 힘써 분별해야 하며 미리 분별하기 어렵다고 예측하여 근심해서는 안 된다. 유학을 공부하는 학자들에게 이 일은 평생의 사업이다. 호운봉이 말했다. '홀로 있을 때 삼가는 것은 경으로 마음을 곧게 하는 일이고, 법도에 근거하여 헤아리는 것은 의로 세상의 일을 정당하게 처리하는 작업이다.'"[38]

경과 의는 상황과 지속의 정도에 따라 힘을 확보한다. 그것은 평생을 지속해야하는 유학적 과업이다. 경은 홀로 있을 때 삼가는 '신독愼獨' 혹은 '근독謹獨'으로 내면의 곧음으로 자리매김 되고, 의는 자나 컴퍼스로 재어 보듯이 인간의 일을 헤아려보는 '혈구絜矩'의 길로 이해된다.

신독은 『대학』에서 매우 강조되는 교육적 덕목이다.[39] 격물·치지가 앎을 중심으로 하는 이론의 확장이라면, 성의·정심은 마음의 조절과 성찰, 함양을 통한 인격의 확립과 체득이다. 그 핵심적 실천 방식이 신독이다. 이는 스스로 속이거나 스스로 유쾌하고 만족함과 직결되는 마음의 일이기 때문에 다른 사람은 알 수 없고 자기만이 알 수 있는 영역이다. 자기 의지, 내면의 은미한 곳을 삼가거나 살피는 일이므로, 그것은 다른 사람에게 드러나 있는 곳이건 혼자 거처하는 곳이건, 보이는 곳이건 보이지 않는 곳이건, 크게 구애받지 않는다.

중요한 문제는, '뜻이 과연 진실한 마음에서 나왔는가?' '남들이 듣지도 보지도 못하는 곳에서 진실한 마음을 보존할 수 있는가?' 이런 물음에 대한 진지한 성찰과 자기 공부다. 때문에 신독은 예로부터 미덕의 극치로 여겨졌고, 성의誠意의 실천양식을 표현하는 핵심 용어가 되었으며, 말과 행위가 부합되는 자각적·도덕적 수양의 방식으로 대표된다. 그것은 자기 공부의 근저로 스스로를 조절하고 주도하는 진지한 학습의 자세다.[40]

한편, 혈구絜矩로 상징되는 의義는 세상을 헤아리며 구체적으로 실천되는 평천하의 길을 모색한다. 그 구체적 양식이 『학기유편』「성도誠圖」에 내재해 있다.

此八
講學
義字以個
絜矩工夫
敬以方外
慎獨直內
天德王道
持守工夫一生用
敬義偕立學者事之不窮

「성도誠圖」

이처럼 남명의 경의敬義의 사유에서 경은 『대학』의 신독으로 귀결되고, 의는 혈구로 확장되었다. 그것은 남명이 전형적인 성리학 공부 방식을 고

경敬이란 무엇인가?

수하고 있음을 의미한다. 그렇다면 그런 공부는 왜 필요했던가? 성리학은 기본적으로 수기치인修己治人 혹은 내성외왕內聖外王이나 성기성물成己成物을 꾀하는 학문 구조를 지니고 있다. 따라서 '수기·내성·성기'라는 개인의 수양을 근본으로 하여 '치인·외왕·성물'을 궁극적 지향점으로 설정한다. 따라서 최종 목표는 개인의 수양에 그치는 것이 아니라 그것을 바탕으로 사회적 완성을 꾀한다. 그 과정이 『대학』의 팔조목인 격물·치지에서 수신·제가·치국·평천하로 나아가는 긴 여정이다. 그 종착지는 평천하다.

평천하는 사유의 방식에 따라 표현을 달리 할 수 있겠지만, 간단하게 말하면 사람이 사는 공동체가 고르게 된, 평화로운 세상을 의미한다. 유학에서 정치를 하거나 학문을 하는 궁극적 이유는 세상을 바르게 이끌어 가려는 인간의 의지, 평천하를 지향하기 때문이다. 이런 점에서 『대학』의 궁극 목표는 공동체의 이상향인 지극히 좋은 곳, 바른 세상에서 어울리며 살아가려는 염원을 담고 있다. 이 최고의 이상향을 유학에서는 대동大同사회라고 한다.[41] 문제는 대동사회가 현실적으로 불가능할 수 있다는 우려다. 그것은 정말 이상향이다. 인간 사회의 현실에서 존재하기 어렵다. 그러다보니 유학은 대동사회에 대한 차선책을 고려한다. 그것은 조금 편안한 세상인 '소강小康' 사회다.[42] 유학은 어쩌면 실현 가능한 소강 사회를 설정하는 데 적극적이었을 수 있다. 이는 유학의 현실적 특색이기도 하다.

경의敬義의 학문을 펼치는 과정에서 남명은 『대학』을 매우 중시한 것으로 판단된다. 남명의 논리대로 보면, 『대학』 팔조목의 격물치지에서 성의정심에 이르는 수신의 과정은 성誠을 근거로 하는 경 공부였다. 그 핵심에 신독이 자리하고 있다. 이는 군주나 성학을 공부하는 학자 개인의 인격 확립을 위한 교육의 실천양식이다. 수신 이후의 제가치국평천하라는 치인治人은 수신을 바탕으로 그것을 응용하는 차원이다. 이는 경을 바탕으로 하는 의義 공부였다. 그 핵심이 혈구의 길이다. 군주나 성학을 공부하는 학자의 개인 교육을 바탕으로 사회 공동체적 정치 이상을 실현하는 길이다.

수신 이후에는 사물을 응접하고 사람을 대접하는 인간관계의 차원이 된다. 이는 성誠·경敬으로 바로 잡아야 하는 마음, 이른바 직내直內를 중심으로 논의하던 수신의 과정과는 다르다. 자신의 수양을 넘어 나 이외의 다른 사람은 물론 여러 사물과의 관계 문제를 요청한다. 세상에 대한 관심과 배려, 이해를 통해 공동체의 건전한 실현을 고민하게 만든다. 그것이 의를 통해 이른바 방외方外를 중심으로 하는 치인의 길이다.

제가에서 평천하에 이르기까지, 공동체의 지속과 사회화는 군주의 자질과 백성의 반응이 관건이다. 제가와 치국을 담보로『대학』에서 구현하려는 최대의 공동체는 평천하다. 평천하를 실현하는 원리가 다름 아닌『대학』의 혈구이고, 혈구는 의를 담보로 세상을 고르게 만드는 작업이다. 그 길은 다음과 같은 실천을 소망한다.

"윗사람에게 싫었던 것으로 아랫사람을 부리지 말고, 아랫사람에게 싫었던 것으로 윗사람을 섬기지 말며, 앞사람에게 싫었던 것으로 뒷사람에게 먼저 하지 말고, 뒷사람에게 싫었던 것으로 앞사람을 따르지 말며, 오른쪽 사람에게 싫었던 것으로 왼쪽 사람을 사귀지 말고, 왼쪽 사람에게 싫었던 것으로 오른쪽 사람을 사귀지 말아야 한다. 이것을 '혈구絜矩'의 길이라고 한다."[43]

혈구의 길은 자기를 중심으로 상하전후좌우의 존재에 대해, 길고 짧고

경敬이란 무엇인가?

넓고 좁고 크고 작고 할 것 없이 하나같이 방정하게 하는 작업이다. 이런 헤아림을 통해 상하사방이 고르고 가지런해져서 남거나 부족한 곳이 없게 만드는 일, 그것이 방외方外이고 정의正義다.

혈구의 길 가운데 큰 것은 '재물을 어떻게 쓰느냐'다. 평천하에서 혈구를 쓰는 주체는 군주다. 군주는 이미 '경이직내敬以直內'를 통해 경을 실천하고 덕망을 축적했다. 덕망이 있으면 사람이 모여들고 사람이 모여들면 땅을 이용하게 마련이다. 땅으로 농사를 지으면 재물을 생산해내고 재물을 생산하면 반드시 쓰임이 생긴다. 덕망의 획득은 이미 언급한 격물치지와 성의정심, 남명의 표현을 빌리면 '내명內明'의 수신을 통해 이루어졌다. 직내直內가 구현되었다. 혈구의 근본은 이 덕망을 삼가고 조절하는 과정에 있다. 그것이 헤아림이다. 덕망이 있으면 세상에 감동을 주어 사람들이 모이고, 사람이 모이면 덕 있는 군주의 땅은 사람이 모인만큼 넓어진다. 그리고 땅이 있으면 땅을 맡겨서 공물을 받게 될 것이니 그것이 바로 재물이 된다. 그 재물은 이제 나라를 운용하는 경비의 원천이 되어, '쓰임'이 생긴다. 때문에 혈구의 실천 양식에서 "덕망은 근본이고 재물은 말단이다."[44]

이때 재물은 세상을 평화롭게 하는 주요 관건이 된다. "재물을 긁어모으면 백성이 흩어지고 재물을 고르게 흩어 나누면 백성이 모인다."[45] 근본인 덕망을 소홀히 하고 재물을 모으기에 집착한다면 재물은 저절로 모이게 마련이다. 군주가 백성을 헤아리는 혈구의 길을 실행하지 못하고 백성의 재물을 취함에 절제하지 못할 경우, 재물은 모인다. 반대로 군주가 혈구의 길을 실천하여 백성에게 취하는 일을 절제한다면 백성이 모인다.[46] 아울러 재물을 생산해내는 방식도 평천하를 위해 대단히 중요하다. 재물을 생산하는 데 큰 방도가 있다. 생산하는 사람이 많고 먹는 사람이 적으며, 생산하는 사람은 빨리하고 쓰는 사람은 천천히 하면 재물은 항상 풍족할 것이다.[47]

이런 실천의 양식은 국가 경제에서 생산과 소비, 노동, 수요와 공급 등 다양한 부분을 요약한 것처럼 느껴진다. 나라에 노는 사람이 없으면 일하는 사람이 많아지고, 자리만을 꿰차고 앉아 있는 관리가 없으면 소비만 하는 사람이 적어지며, 생산할 시기를 빼앗지 않으면 생산이 많아질 것이고, 수입을 헤아려 지출한다면 쓰임새가 느려질 것은 분명하다.[48] 이러한 공동체의 유지와 지속, 공동체 구성원에 대한 관심과 이해, 배려는 유학의 최고 덕목인 인의仁義로 착함을 일으킬 때 가장 적절하다. 그 근원에 '경이직내'라는 방식으로 신독이 경의 이름으로 자리한다. 그래야만이 혈구의 양식을 최고조로 발휘할 수 있다. 그것이 평천하의 생활양식이요 '의이방외義以方外'의 발현이고, 사회 정의의 실천이다.

5.
거경居敬의 일상 수양

엄밀하게 말하면, 경敬은 정자程子에 와서 중시되기 시작했다.[1] 이정二程은 경을 마음의 문제와 직결시켰다. "경은 단지 마음을 스스로 주재하게 만드는 것"[2]이라고 보았다. 그것은 경이 마음의 수렴收斂을 중심으로 성찰하고 함양하는 공부임을 일러준다. "경은 한 사람을 붙들어주는 사물이다. 사람이 제멋대로 하고 게으를 때는 금방이라도 공경하면, 바로 이 마음을 붙들어 일으킬 수 있다. 항상 그렇게 할 수만 있다면, 비록 약간 제멋대로 하고 분수에 지나치는 뜻이 있다고 할지라도, 물러나서 명령을 들을 것이다."[3] 경은 인간을 인간으로서 제대로 설 수 있도록 조화와 균형을 유지시켜주는 삶의 태도다. 때문에 늘 "안으로 망령된 생각이 없게 하고 밖으로는 망령된 행동이 없게 해야 한다."[4] 망령된 생각과 행동을 근본적으로 없애기 위해서는 자신의 마음의 밭을 갈고 기르는 노력이 선차적으로 요구된다. 마음의 밭을 갈아 흐트러지지 않게 하는 것은 함양涵養에 속한다. 함양은 기르는 교육이다. 즉 예방적 차원의 삶이자 자기 교

육이다. 특히 진실한 마음으로 부여받은 선에 흠뻑 젖어들고 그것을 기른
다. 그것이 유학의 요체다.

성誠을 실천하고 선을 지속해 가는 방법론으로서의 경은 세상의 모든
사물에 대해 두려움〔畏, 懼〕을 느낄 때 가능하다. 두려움에 잠길 때 인간은
자신을 성찰하고 주의를 기울인다. 존재에 대한 두려움은 제멋대로 행동
할 수 없는 마음 상태를 조성한다. 그것이 조심操心이요 긴장의 지속이다.
그러기에 주자를 비롯한 성리학자들은 "경은 두려움에 가깝다"[5]라고 표현
한다.

다시 강조하지만, 주자가 장경부張敬夫의 주일잠主一箴을 읽고 지었다는
「경재잠敬齋箴」에서는 다음과 같이 경계하고 있다.

"의복이나 모자를 단정하게 하고 우러러 살피는 몸가짐을 존엄하게 해
야 한다. 마음을 가라앉혀 깊이 생각하며 생활하고 하느님을 대하듯이 조
심스러워야 한다. 발의 모습은 반드시 중후해야 하고 손놀림의 모습은 반
드시 공손해야 한다. 길을 갈 때는 땅을 가려서 밟고 개미집이라도 돌아
서 가야 한다. 집 밖에 나가서는 손님처럼 하고, 일을 맡아서 할 때는 제사
를 모시듯 한다. 조심하고 조심하여 혹시라도 소홀히 해서는 안 된다. 입
을 다물기를 주둥이 막은 병처럼 하고, 사특한 생각 막기를 성을 쌓아 막
는 것처럼 한다. 성실하고 전일專一하게 하여 혹시라도 경솔하게 해서는 안
된다. 동쪽으로 간다고 하고 서쪽으로 가지 말 것이며, 남쪽으로 간다고 하
고 북쪽으로 가지 말아야 한다. 일을 하는 데 있어서는 그 일에 정성을 다
하고, 다른 일에 마음을 두어서는 안 된다. 두 가지 일을 가지고 두 가지
마음을 지니지 말 것이며, 세 가지 일을 가지고 세 가지 마음을 지니지 말

아야 한다. 오직 마음을 전일하게 하여 모든 만물의 변화를 감찰해야 한다. 이와 같은 마음으로 일을 처리하는 것을 '공경을 지닌다[持敬]'라고 한다. 움직임과 고요함이 서로 어기지 않고 겉과 속이 바르게 된다. 잠깐 사이라도 경을 놓치면 사사로운 욕심이 여기저기서 일어나는 실마리가 된다. 불을 붙이지 않아도 뜨거워지고 얼리지 않아도 차가워진다. 또한 털끝만큼이라도 경에 어긋남이 있으면 하늘과 땅의 처지가 바뀌는 것과 같다. 삼강의 인간관계가 타락하고 구법에 따르는 행동을 사람끼리 꺼리게 된다."6

이렇게 볼 때, '경' 공부는 일상생활에서의 조심스런 태도다. 삶의 전반적인 일 처리의 측면에서 노력하는 것을 강조한다. 그러기에 진지성眞摯性이라고 하며 "seriousness"로 영역되기도 한다.7 이는 마음을 다잡고 흩뜨리지 않으며 긴장의 끈을 놓지 않는 주의이자 몰입이다. 다르게 표현하면, 정신 집중으로 볼 수 있다. 첸푸錢穆은 이러한 경의 의미를 여섯 가지로 정리했다.

"첫째는 외경畏敬과 비슷한 의미이고, 둘째는 마음을 수렴함으로써 마음속에 어떤 것도 남아 있지 못하게 하는 일이며, 셋째는 한 가지 일에 전념하는 작업이다. 그리고 넷째는 반드시 일을 따라 점검하는 것이며, 다섯째는 항상 마음이 밝게 깨어 있는 상태이고, 여섯째는 몸가짐을 단정히 하고 태도를 엄숙하게 하는 일이다."8

결론적으로 유학에서 공부는 '경' 하나에 집중되어 있다. 수양의 구체적 실천으로서 경은 인간의 내면에 숭고한 가치로 녹아들어 있다. '경' 공부는 유학자의 생활에서는 생명과도 같았고, 인생에서 한 순간이라도 멈

출 수 없이 긴장에 긴장을 연속하며 전개하는 삶의 기준이자 진리였다. 일 상의 거경居敬 실천이 그것에 해당한다. 유학의 거경은 생활 속에서 경을 전개하는 작업에서 시작되었다. 물론, 거경은 필연적으로 궁리窮理를 수반한다. 거경은 내적 수양 방법으로 마음을 성찰하여 성실하게 기거동작을 절제하는 일이고, 궁리는 외적 수양 방법으로 사물의 이치를 궁구하여 정확한 지식을 획득하는 일로 이해된다. 여기서는 지면상 궁리의 문제는 생략한다.

거경의 근원적 모습은 『논어』 「옹야」의 첫머리에 등장한다. 경으로 처신한다는 말이 여기에서 비로소 나타났고, 그것은 심학心學의 종지가 되었다.⁹

"중궁이 말했다. '경敬으로 처신하면서 간략함을 행하여 백성을 대한다면 괜찮지 않겠습니까? 간략함으로 처신하면서 간략함을 행한다면 너무 간략한 것이 아니겠습니까?'"¹⁰

중궁은 공자도 인정할 정도로 지도자로서 인격을 갖춘 인물이었다. 따라서 그의 행동거지와 일상에서의 처신은 유학에서 삶의 모범이 될 수 있다. 중궁이 추구한 거경의 논리는 간략하다.

마음 가운데 근본으로 하는 것이 있으면 오로지 하나로 집중할 수 있다. 다스리는 일이 엄격하면 수렴하는 것이 견고하고, 일이 번거롭지 않으면 구멍 뚫려 나가는 일이 없다. 백성이 어지럽게 행동하지 않으면 제 있을 곳을 얻지 못한 이들이 없다.¹¹ 반면에 마음 가운데 근본으로 하는 것이 없으면 마음이 둘과 셋, 여러 갈래로 나눠지고, 다스리는 일이 거칠면 새어 나가는 것이 많고, 일상의 여러 가지 일에서 너무 간략하면 경솔하고, 지

경敬이란 무엇인가?

길 법도가 없으면 이미 다한 것처럼 함부로 할 수 있다.[12]

이런 일상의 도덕적 거처를 두고 주자의 제자가 물었다.

"간략함으로 처신하면서 간략함을 행하면, 뜻이 작은 것을 너무 간략하게 여기는 우환이 있습니다. 그것으로 일을 하면 반드시 소홀하게 여겨 거행하지 않는 곳이 있습니다. 경으로 자처하면서 간략함을 행하면, 마음이 경에 한결같이 녹아들어 일의 크고 작은 것으로 하지 않습니다. 이 경에 덜어내고 더함이 있는 것은 이를 바탕으로 일을 할 때 반드시 간략하면서 극진하게 하기 때문입니다."

그러자 주자가 대답했다.

"경으로 일상을 살아가면, 처리해야 할 일의 기미를 밝힐 때 사사로운 의도로 그 일을 어지럽게 하지 않는다. 때문에 그 행위가 반드시 간략하게 마련이다."[13]

이런 상황을 감지하게 될 때 "경敬은 마음의 주재이고 모든 일의 근본이다. 중궁은 하늘에서 받은 자질뿐만 아니라 또한 배우고 힘써 도달한 것"[14]이라는 인식에 도달한다. 다시 정돈하면, 경은 마음을 주재하며 모든 일을 착실하게 전개해나가는 근본이다![15]

중궁은 성인의 문하에서 덕행으로 칭찬받는 자다. 공자가 남면南面할 수 있다고 인정할 정도의 지도력을 구비했다. 그것은 최고지도자로서 임금의 덕이 있어 그랬다. 중궁은 공자가 자신을 인정한 것에 대해서 들었으나, 그 의도가 어디에 있는지 알지 못했다. 이때 자신의 인품 가운데 자상백자와 같은 것을 가지고 질문을 하니, 공자가 간략함은 괜찮다고 인정한 것이다. 그러면서도 '간략함으로 처신하면서 간략함을 행한다면 너무 간략한 것이 아니겠습니까?'라고 반문했다. 그는 생각했다. 간략함이 경에서 나오면 간략함이 근본이 있는 것이 되기 때문에 모든 일이 이치를 따라 긴요하고 바르게 되어야 괜찮다. 정말 간략함에서 간략함만이 나온다면 그 간략함은 근본이 없는 것이 된다. 따라서 하는 일에 경솔하고 거칠어 너무 간략한 것이 아닐까! 중궁의 간략함은 경을 바탕으로 한 간략함이고, 백자의 간략함은 그냥 간략하여 간략한 것이었다. 중궁의 간략함은 백자의 간략함과 달랐다.

그런데 중궁이 이런 지도급 인격자로서의 경지에 이른 것은 하늘에서 받은 자질뿐만 아니라 배우고 힘써 도달한 것이다. 어느 날 공자에게 인에 대해 물으니, 공자가 "문을 나갔을 때에는 큰손님을 뵙듯이 하고, 백성에게 일을 시킬 때에는 큰 제사를 받들듯이 한다"라고 했다. 이것이 다름 아닌 거경, '경으로 처신하는 삶'이다. 또 어느 날 정사에 대해 묻자, 공자가 말했다. "유사有司에게 먼저 시키고 작은 허물을 용서해주며, 어진 이와 유능한 이를 등용해야 한다!" 이는 간략함을 행하는 일이다.

이처럼, 경으로 처신하고 간략함을 행하는 것은 그가 평소 스승과 친구가 강학하고 연마하는 과정에서 터득했다. 지도자로서 모범이 될 만한 인물로 성장한 것은 진정 스스로 가꾸고 다듬은 일이었다. 그것이 진짜 삶의 공부다. 그 바탕이 다름 아닌 경이다. 백자처럼 중궁과 같은 자질이 있다고 해도 중궁과 같은 경 공부가 없을 때 일상은 온전하게 전개되지 않는다.

'경'이 인간의 마음을 수렴하고 집중하여 삶의 중핵을 이룬다고 했을 때, 그것은 배움이요 익힘이며 삶의 자본資本이 된다. 삶의 자본이 축적되면서 확장되어 겉으로 드러나는 것이 다름 아닌 '덕德'이다. 때문에 덕은 삶에서 발생하는 행위를 조절하고 또는 제어하는 능력을 의미한다. 앞에서 언급한 '경이직내敬以直內'라는 말에 이어 '의이방외義以方外'라고 했을 때, 이는 경과 덕의 유기적 연결과 자연스런 지속을 의미한다. 의로써 밖으로 표출된 행위와 외재 사물이 최적의 관계를 이루게 하는 덕망이 된다. 때문에 '경'과 '덕'은 도덕적 자각 행위를 의미하는 덕목의 차원에서 함께 쓰인다.

물론 '덕'자는 내면에 잠재되어 있는 경의 특성보다는 구체적 행위에 초점이 모아진다. '덕德'은 원래 '덕悳'이었다. 이는 글자 그대로 보면, '직심直心', 즉 '마음 그대로 발해지는 행위'를 뜻했다. 때문에 처음에는 그 행위가 좋으냐 나쁘냐라는 평가의 의미는 띠지 않았다. 나중에 '경敬'과 더불어 쓰이면서 '덕德'은 현재 우리가 일반적으로 인지하는 '의리에 맞는 내면의 행위'라는 뜻으로 자리 잡았다. 때문에 상당수의 경우 '경敬'과 '명明'을 앞에 수식어로 대동하는 것이 '덕德'의 일반적 용례였다. '경덕敬德' 또는 '명덕明悳'과 같은 용어가 그것이다. 그러므로 '덕德'이라는 하나의 글자에는 '경敬'이나 '명明'의 의미가 생략되어 있기에, 경과 명의 의미가 내포되어 있다.

문제는 인간이다. 개인으로서 인간의 삶이고, 사회적으로 인간의 공동체의 생활이다. 그 속에서 다시 묻는다! 경敬이란 무엇일까?

인간 이외의 초월적 대상, 이른바 신神과 같은 엄청난 힘을 지닌 존재로부터 인간은 독립하여 살 수 있을까? 유학적 사유는 초월적 대상으로서 신을 먼저 설정하기보다 우주 자연에 태어난 인간의 주체적이고 능동적인 삶을 중시했다. 이 험난한 세상에서 열심히 살아가자! 쉽게 말하면 이런 인식에서 우환의식을 가졌다. 그렇다면 인간은 적극적으로 자신의 삶에 대한 책무성을 지녀야 한다. 독립적 인간이 자기 행위에 대해서 책임진다는 것은 어떤 의미일까? 어떻게 책임진다는 말인가? 그 저변을 장식한 것이 지금까지 논의했던 경敬이다. 일상에서 거경居敬하라! 그것만이 살길이다.

인생에 대한 자기 책무성, 책임감을 갖는다는 말은 자신의 행동을 반드시 올바르게 하고 현실 사회에 알맞게 하여 주어지거나 선택한 일을 성공적으로 수행하는 적극적 행위다. 그와 반대로, 다른 사람을 평계하거나, 내가 잘못했으니까 내가 죽는다, 내가 게을렀으므로 내가 굶는다는 식의, 일의 결과에 대한 소극적인 감수 행위는 진정한 의미에서 책임을 지는 자세가 아니다. 이런 태도는 자신이 맡은 임무나 삶을 '책임진다'라기보다 '벌을 감수한다'는 표현이 타당하다. 주체적이지 못하고 어떤 것에 기댄다는 차원에서 그것은 종교적 굴레나 신과 같은 존재에 기대려는 의식을 벗어나지 못한 행위일 뿐이다. 왜냐하면 그런 삶의 자세는 내면에서 표출되는 인간 문제에 대한 주체적 능동성이 배제되고 은연중에 자포자기自暴自棄하려는 의식이 배어 있기 때문이다.

자신의 인생을 '책임진다'는 것은 정말 어렵다. 인생을 견디며 살아내고 창조하며 살아가기 위해서는 자신이 마주하는 일을 제대로 수행하기 위한 '지혜'를 터득해야 한다. 이른바 삶의 지혜. 그 지혜를 전제로 인생의 성취를 맛볼 수 있다. 인생을 바르고 성공한 삶으로 만들기 위해, 행동 이전에 그렇게 행동했을 때 따르는 결과를 내다볼 수 있는 지혜를 가져야 한다. 그러한 지혜는 바로 내면적 깨달음인 '경'의 경지에 도달했을 때 자각된다. 깨달음이 축적되고 확장된 마음! '경'의 상태에서 쌓아 올린 지식을 담보로 살아가는 인생만이 명철함을 디딤돌로 지혜를 발산한다.

'경'은 단순하게 지식의 측면에서 탐구하여 얻어진 결과가 아니다. 무엇보다도 우리 인간의 심성에서 우러나고 그것을 행동으로 옮기면서 체득된 성격을 지닌다. 내면에서 깨닫고 외면으로 실천하면서 터득한 삶의 자산이다. 그것이 다름 아닌 인문정신의 기초다. 인간이 도덕적으로 완성될 수 있는, 사람의 길이다.

2장

敬

원전과 함께 읽는 경敬

敬

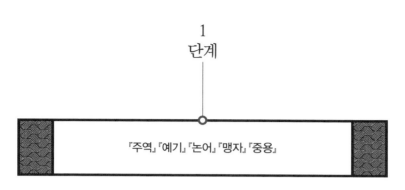

1
단계

『주역』『예기』『논어』『맹자』『중용』

【주역 1】 원문 1

곧음은 그 올바름이고 방정함은 그 의로움이다. 군자가 경敬으
로 안을 곧게 하고 의義로 밖을 방정하게 하여, 경과 의가 확립되
면 덕이 외롭지 않다. '곧고 방정하며 큰 것이니, 익히지 않아도
이롭지 않음이 없다'라고 한 것은 그 행한 것을 의심하지 않는 일
이다.

「곤괘·문언」

【예기 1】 원문 2

옛날의 예법인 「곡례」에서 말했다. 공경[敬]스럽지 않게 행동하
는 경우가 없도록 하고, 엄숙하게 행동하고 신중하게 생각하여
행동하며, 심사숙고하여 바르고 정확한 말을 이행하라! 그러면

백성을 편안하게 할 수 있다. 자신의 오만함을 키워서는 안 된다. 욕망을 쫓아서도 안 된다. 뜻을 가득 차게 해서는 안 된다. 즐거움을 극도로 누려서도 안 된다. 현명한 사람은 친하게 지내면서도 공경함을 잃지 않는다. 외경하면서도 그 사람을 진심으로 사랑한다. 사랑하면서도 그 사람의 나쁜 점을 식별한다. 미워하면서도 그 사람의 좋은 점을 분별한다. 재물을 축적하면서도 사람들을 위해 잘 쓸 줄 안다. 편안한 곳에서 안락하게 지내면서도 옮겨야 할 때가 되면 안주하지 않고 옮길 줄 안다. 재물에 대해 구차하게 얻으려 해서는 안 된다. 곤경에 처해서는 구차하게 모면하려고 해서는 안 된다. 싸움에서는 반드시 이기려고 해서는 안 된다. 분배할 때는 많이 가지려고 해서는 안 된다. 의심스러운 일에 대해서는 근거도 없는 말을 지어내서는 안 되고, 강직하게 대처하되 자기 의견을 고집해서는 안 된다.

「곡례 상」

─────────────────────────────

【 논어 1 】 원문 3

중궁이 말했다. "경敬으로 처신하면서 간략함을 행하여 백성을 대한다면 괜찮지 않겠습니까? 간략함으로 처신하면서 간략함을 행한다면 너무 간략한 것이 아니겠습니까?"

「옹야」

─────────────────────────────

敬
경敬이란 무엇인가?

【논어 2】 원문 4

자로가 군자에 대해 물었다. 공자가 말했다. "먼저 경敬으로써 자신을 수양한다. 다음으로 자신을 수양하여 다른 사람들을 편안하게 한다. 마지막으로 자신을 수양하여 모든 백성을 편하게 살 수 있도록 하는 것이다."

「헌문」

【맹자 1】 원문 5

어려운 일을 임금에게 요청하는 것을 공恭이라 하고, 선善한 것을 말하여 사악한 마음을 막는 것을 경敬이라 한다.

「이루 상」

【맹자 2】 원문 6

남을 공경하는 자는 남이 항상 공경해준다.

「이루 하」

【맹자 3】 원문 7

공경은 폐백을 받들기 전에 이미 있는 것이다.

「진심 상」

【중용 1】 원문 8

세상에서 최고의 성인만이 총명과 예지로 아랫사람[백성]에게

임할 수 있다. 관용과 온유한 태도로 사람들을 포용할 수 있다. 강함을 펼치고 굳세고 의연한 태도로 정의를 지킬 수 있다. 가지런하고 씩씩하고 적절하며 바른 태도로 예의를 차리고 공경〔敬〕할 수 있다. 학문이나 글의 문리를 세밀히 살피고 사물의 도리를 분별할 수 있다.

31장

경敬이란 무엇인가?

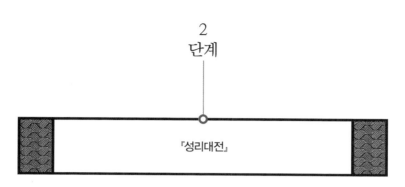

2
단계

『성리대전』

【 성리대전 1 】 원문 9

정자程子의 말: "바탕이 아름다운 사람은 한 번에 속속들이 모
두 다 밝힌다. 그리하여 바탕에 쌓인 찌꺼기를 완전히 바꾸어 원
래 타고날 때와 같은 몸을 갖춘다. 씩씩하게 성장하면서 경敬 공
부 하나로 몰두하며 지키고 기르는 것은 그 다음 문제다. 바탕이
아름답거나 노력하여 기르거나 배워서 터득한 것이 최고조에 이
르면 같게 된다."

권43 「학 1」 〈학문하는 방법의 총론〉

【 성리대전 2 】 원문 10

장자張子(張載)의 말: "기질을 변화시키는 사안에 대해, 『맹자』「진
심」에서 맹자는 이렇게 말했다. '거처가 기운을 바꿔놓고 함양이

몸을 바꿔놓는다.' 그런데 하물며 세상의 넓은 거처에 사는 사람인 대장부는 어떠하겠는가! 인仁에 거처하고 의義를 따라가면, 자연스럽게 마음이 화평하고 몸이 바르게 된다. 다시 요점을 잡아 간추릴 때 옛날의 행동을 떨어버리고 움직임을 모두 예禮에 맞게 하면, 기질은 자연스럽게 온전해지고 좋아진다. 『예기』「대학」에 '마음이 넓고 몸이 쫙 펴진다'라고 했다. 마음이 넓어지면 자연스럽게 편안해지고 즐겁게 된다. 마음이 넓기만 할 뿐, 삼가고 정중〔敬〕하지 않으면 사회에 제대로 서지 못한다. 삼가고 정중하기만 할 뿐, 마음이 넓지 않으면 좁은 데 빠지게 된다. 모름지기 너그러우면서 정중〔敬〕해야 한다. 마음에 있는 것은 반드시 겉으로 드러난다. 그러므로 군자는 마음이 화평하면 기운이 온화해지고, 마음이 바르면 기운이 바르게 된다. 처음에는 곧으면서도 또한 자신을 믿어야 한다. 옛날에 관을 썼던 것은 머리를 중시했기 때문이고, 신발을 신었던 것은 발을 중시했기 때문이다. 세숫대야, 그릇, 안석, 지팡이 등 자신이 애용하던 물건에 글자를 새긴 것은 모두 자신을 삼가고 경계하기 위해서다."

권43 「학 1」〈학문하는 방법의 총론〉

【성리대전 3】원문 11

주자朱子의 말: "배움과 물음에서 긴요한 것은 보는 내용마다 꿰뚫어 분명하게 해야 한다. 그러나 경敬을 중심으로 앎에 도달하는 방식으로 공부하지 않으면, 또한 그곳에 들어가는 핵심이 없게 된다."

【 성리대전 4 】 원문 12

주자의 말: "경敬을 보존하는 것과 글을 읽는 것은 겉과 속에 힘을 쓰는 일이므로, 기필코 알차게 공부해야지 한갓 빈말로 꾸며서는 안 된다. 그러나 겉과 속 또한 두 가지 일이 아니므로, 단지 이것을 취하고 저것을 버려서는 안 된다. 실제는 서로가 서로에게 쓰임이 되므로 하나의 일일 뿐이다."

권43 「학 1」〈학문하는 방법의 총론〉

【 성리대전 5 】 원문 13

주자의 말: "사람은 모름지기 공부를 해야 비로소 의문도 갖게 된다. 처음 공부할 때는 서로 막혀 이해하지 못하는 곳에 부딪힌다. 예컨대, 거경궁리居敬窮理의 경우, 처음에는 거경과 궁리 두 가지로 나뉘게 된다. 거경할 때는 여기에 지니고 있지만, 움직이자마자 바로 잊어버린다." 어떤 사람이 물었다. "처음 배움의 길에 들어섰을 때는 반드시 이렇습니까?" 주자가 말했다. "본디 그러하다. 거경이 여기에 있다는 것을 알아야, 움직일 때 이理가 저절로 도달하게 된다. 이런 말은 공부가 도달하지 않았을 때는 설명해주기 어렵다." 주자가 또 말했다. "일이 없을 때 존양存養에 이를 수 있어야, 움직일 때 또한 이理를 구할 수 있다."

【 성리대전 6 】 원문 1 4

주자의 말: "배우는 사람은 반드시 배양培養해야 한다. 지금 배양 공부를 하지 않으면 어떻게 이치를 연구할 수 있겠는가? 정자程子가 말하기를 '몸을 움직이고 생각을 가지런히 하면 자연스럽게 경敬이 생긴다. 경은 단지 하나를 중심으로 하는 일이다. 이를 보존하면 자연히 천리가 밝아진다'라고 하고, 또 말하기를 '가지런히 하고 엄숙히 하면 마음이 한결같아지니, 한결같아지면 저절로 사악함을 범하는 일이 없게 된다. 이 뜻은 함양을 오래하면 천리가 자연히 밝아지는 것이다'라고 했다. 지금 이 공부를 한 적이 없이 가슴 속이 어지러이 뒤섞이면 어떻게 이치를 연구할 수 있겠는가? 한결같이 그 사람처럼 독서하지 않으면 이치를 기꺼이 연구하지 않게 된다. 지금 이치를 연구하려고 하면서도 또 경敬을 지키는 공부를 하지 않는다."

권44 「학 2」 〈학문하는 방법의 총론〉

【 성리대전 7 】 원문 1 5

주자의 말: "경敬을 중심으로 하는 것은 마음을 보존하는 요점이고, 앎을 지극히 하는 것은 배움에 나아가는 공부다. 두 가지는 서로 교차하며 펼치는 것이니 지식이 날마다 더욱 밝아지고 지킴이 날마다 더욱 굳어지면 과거 인습의 잘못이 자연스럽게 은

연중에 날마다 바뀌고 달마다 변화할 것이다."

권44 「학 2」〈학문하는 방법의 총론〉

【 성리대전 8 】 원문 16

주자의 말: "글에는 당연히 강론해야 할 할 곳이 있고 강론할 필요가 없는 곳이 있다. 예컨대 하나를 주장한다〔主一〕는 것이 바로 이 같은 곳이니 강론할 필요는 없고, 다만 노력하는 일을 해야 한다. 방자하지 않고 장난스럽지 않으려 하여, 가지런하고 엄숙한 것이 바로 하나를 주장하는 경敬이다. 성현의 말씀은 수백 가지가 당연히 이런 형식의 말이다. 다만 내가 이런 형식으로 말한 형체도 없고 모양도 없는 것을, 어떤 곳에서 증험해서라도 몸에 간절하게 이해되도록 해야 하니, 이런 등속의 일은 오랜 시간이 흘러야 저절로 깨달아진다."

권44 「학 2」〈학문하는 방법의 총론〉

【 성리대전 9 】 원문 17

주자의 말: "배움의 도리는 이치를 탐구하는 일에 앞설 것이 없고, 이치를 탐구하는 일의 요점은 반드시 책을 읽음에 있다. 책을 읽는 법은 순서에 따라 정밀함을 이루는 것보다 귀할 것이 없고, 정밀함을 이루는 근본은 또 경敬에 마음을 두어 뜻을 붙잡음에 있으니 이는 바꿀 수 없는 이치다. 세상의 일에는 모두 이치가 있다. 군주와 신하가 된 자에게는 군주와 신하의 이치가 있

고, 부모와 자식이 된 자에게는 부모와 자식의 이치가 있고, 지아비와 지어미가 되고, 형과 아우가 되고, 벗이 되고, 출입하고 생활하며 일에 대응하고 사물을 접하는 사이에 이르기까지도 또한 각기 이치가 있지 않음이 없다. 그것을 캐묻게 되면 군주와 신하의 큰 것에서부터 사물의 미미한 것에 이르기까지 그것이 그러한 근거와 그것이 그렇게 되어야 하는 도리를 알지 못한 것이 없어 지푸라기만큼의 의심도 없게 될 것이다. 선하면 따르고 악하면 없애서 털끝만큼의 잘못도 없게 해야 한다. 이것이 배움에서 이치를 탐구하는 일보다 앞설 것이 없는 까닭이다. (⋯) 정밀함을 이루는 근본은 마음에 있으나 마음이란 지극히 텅 비고 지극히 신령하며 헤아릴 수 없게 신묘하다. 늘 한 몸의 주인이 되어 모든 일의 강령을 틀어쥐고 있으니 경각이라도 보존되지 않아선 안 된다. 만에 하나 스스로 그것을 깨닫지 못하여 내달리고 드날려 몸 밖의 물욕을 따르게 되면 한 몸에 주인이 없어지며 모든 일에 강령이 사라진다. 몸 한 번 움직이고 눈 한 번 돌리는 사이일지라도 이미 자신의 몸이 있는 곳조차 깨닫지 못하는데 하물며 성인의 말씀을 재삼 생각하고 사물을 참조하고 살펴, 의리의 지당한 귀취를 구할 수 있겠는가? 공자가 말한 '군자가 중후하지 않으면 위엄이 없어 배움조차 굳건하지 못하다'와 맹자가 말한 '배움의 도리란 다른 것이 아니고 방심을 거두어들이는 것일 따름이다'가 바로 이를 두고 한 말이다. 참으로 엄숙하고 공손하고 공경하고 두려워해야 하니 늘 이 마음을 지녀 하루 종일 엄숙하

경敬이란 무엇인가?

게 하고 물욕이 넘보아 어지럽히지 못하게 해야 한다. 이러한 데 근거하여 책을 읽고 이러한데 근거하여 이치를 관찰하면 하는 일마다 이루어지지 않음이 없고, 이러한 데 근거하여 일에 대응하고 이러한 데 근거하여 사물과 만난다면 조치하는 일마다 합당하지 않음이 없다. 이는 마음을 경敬에 두고 뜻을 붙잡는 일이자 책을 읽는 근본이 되는 까닭이다."

권44 「학 2」〈학문하는 방법의 총론〉

물음: "이리理를 궁구窮究하지 못했다면 먼저 지경持敬을 합니까?

주자의 답변: "굳이 이렇게 말할 필요는 없다. 지경은 줄곧 유지해나가는 일이고, 궁리는 줄곧 궁구해나가는 작업이다. 예컨대 앞에 만에 하나라도 유지할 수 없고 궁구할 수 없는 곳이 있어 또 다른 계책을 내야 한다고 말하면, 아주 생각을 잘못한 것이다. 이는 또한 한 번도 진정으로 지경과 궁리를 하지 않았을 뿐이다. 한 번이라도 진정으로 지경과 궁리를 했다면 어찌 이런 말을 하겠는가. 비유하자면, 길을 나설 때 가마를 타려고 하면 가마를 타고, 말을 타려고 하면 말을 타고, 걸으려고 하면 걷는 것이니, 앞으로 갈 수 없을 때는 또 어떻게 할 것인가를 생각할 필요가 전혀 없다. 다만 용맹하고 확고하게 앞으로 나아갈 수 있다면, 어찌 그대처럼 '거경居敬할 수 없는 곳에서는 또 어떻게 하고, 궁리할 수 없는 곳에서는 또 어떻게 하는가?'라고 말하겠는가?

옛사람이 말한 '마음이 굳으면 돌이 뚫린다'는 것은 할 수 없는 일은 있지 않았다는 말이다."

권44 「학 2」〈학문하는 방법의 총론〉

【 성리대전 11 】 원문 19

주자의 말: "독서는 진실로 폐기해서는 안 되지만, 반드시 지경持敬과 입지立志를 우선으로 여겨야만 이를 바탕으로 의리를 찾고, 일을 할 때 드러낼 수 있다. 만일 평상시에 대충 넘어가서 존양存養하는 공부가 없고, 또 실천하려는 의지도 없이 글 뜻만을 이해하고 설명을 분명히 하려고 하면, 모든 경서를 두루 통하여 한 글자도 어긋나지 않는다 하더라도, 또한 무엇이 이익이겠는가?"

권44 「학 2」〈학문하는 방법의 총론〉

【 성리대전 12 】 원문 20

주자의 말: "배우는 사람은 반드시 마음을 비우고 함영涵泳하면서 새로운 주장을 만들어내지 말아야 한다. 일상 속에서 실제로 지경持敬 공부하는 데 방심하지 말고 마음을 다잡아야 한다. 그런 뒤에 자신의 본성이 원래 선善한가 선하지 않은가, 자신과 요순堯舜은 원래 같은가 다른가를 안다. 서로 믿으면 생각이 자연스럽게 열리고 밝아져 지수持守하는 것도 힘들지 않을 것이다."

권44 「학 2」〈학문하는 방법의 총론〉

물음: "앎을 이루어 밝히고 경敬을 유지하여 기르는 일이 배움의
요체입니다. 앎을 이루지 않으면 경敬을 유지하기 어렵고, 경敬
을 유지하지 않으면 또한 앎을 이룰 수 없습니다."

주자의 답변: "이 둘이 서로 간에 쓰임 되는 것이 진실로 이와 같
다. 그러나 각각의 경우에서 그 힘을 다해야지, 이것에 힘을 기울
인 점을 믿고 저것이 저절로 이루어지기를 요구해서는 안 된다."

권44 「학 2」〈학문하는 방법의 총론〉

주자의 말: "배움을 실천하는 도는 먼저 이 도리를 보존해야만
비로소 깊이 연구할 수 있다. '거처할 때는 반드시 공손히 하며,
일을 집행할 때는 반드시 공경하며, 사람을 대할 때에는 반드시
충실해야 한다'는 것과 같아야 하고, 안자의 보고 듣고 말하고
행동하는 것에서 경계하여, 예에 돌아가는 곳에 이르는 것과 같
아야 한다. 중궁의 '문을 나갔을 때는 큰손님을 뵙는 듯이 하며,
백성에게 일을 시킬 때는 큰 제사를 받들 듯이 해야 한다'는 어느
때이건 경敬을 위주로 하지 않음이 없는 말이다. 지금 안자와 중
궁을 견주어 헤아리지 않으면 어떻게 이 말을 이해할 수 있겠는
가? 그들의 그런 일을 가지고, 스스로 자기에게 절실한 곳에 나
아가 그 공부를 한 후에 유익함이 있게 된다."

주자의 말: "배움을 실천하는 도는 예를 들면 사람이 땅을 갈고

파종하는 일과 같다. 먼저 여기에 일정 부분의 토지를 준비해야 비로소 그 위에 땅을 갈고 파종할 수 있다. 지금 다른 사람의 토지에 경작할 것들을 다양하게 배치하더라도, 이 토지는 원래 나의 것이 아니다. 또 사람이 장사를 하는 것과 같으니, 먼저 수많은 자본을 안배해야 비로소 운용할 수 있다. 자본이 넉넉하지 않으면 운용할 수가 없다. 도를 논하는 곳에 이르면, 예를 들어 물을 이야기할 때 차갑다고만 말하면 뜨겁다는 것을 말할 수 없다. 탕을 이야기할 때 뜨겁다고만 말하면 차갑다는 것을 말할 수 없다. 예컨대 음식의 경우, 신 것을 먹을 때 바로 신 것을 알게 되고, 짠 것을 먹을 때 바로 짠 것을 알게 되어야만 한다.”

권44 「학 2」〈학문하는 방법의 총론〉

【 성리대전 15 】 원문 23

주자의 말: “함양涵養·치지致知·역행力行, 이 세 가지에서 함양을 첫머리로 하고 치지를 다음으로 하며 역행을 그 다음으로 삼아야 한다. 함양을 하지 않으면 주재자가 없다. 예컨대 일을 하면서 사람을 써야 하는데, 일을 맡기고는 곧히 잠들어버리기라도 한다면 이 일은 주재할 사람이 없으니, 일은 모두 다른 사람이 하고 자기가 하지 않는 것이 된다. 함양을 했다면 또 반드시 치지를 해야 하고, 치지를 했다면 또 반드시 역행을 해야 한다. 치지만 하고 역행하지 않는다면 이는 알지 못하는 것과 같다. 또한 이 셋은 반드시 일시에 병행해야 하니, 오늘 함양하고 내일 치지

하며 다음날 역행함을 말하는 것이 아니다. 요컨대 이 셋은 모두 마땅히 경敬을 근본으로 삼아야 한다. 경은 별도로 해야 할 일이 아닌데도 지금 사람들은 먼저 경을 여기에다 안배하려고 달려드니, 어떻게 해낼 수가 있겠는가? 경은 단지 마음을 일깨워 흐트러지지 않도록 하는 일이니, 이와 같이 하면 마음은 저절로 밝아진다. 여기에서 궁리窮理·격물格物하면, 마땅히 이렇게 해야 하는 것은 옳고, 이렇게 하지 말아야 할 것은 옳지 않다는 것을 알 수 있으니, 알았으면 곧 실행해야 한다."

권45 「학 3」〈학문하는 방법의 총론〉

【 성리대전 16 】 원문 24

물음: "경敬을 유지하는데 어찌 경에 순수하게 한결같지 않겠습니까? 그러나 저절로 경敬하지 못한 생각이 일어나 진실로 자신과 상반되려 하는데, 제어하려 할수록 더욱 심해집니다. 어떤 사람이 말하기를, 단지 스스로 경을 유지하여, 생각이 망령되이 생겨나더라도 거기에 관여하지 않으면, 오랜 뒤 자연스럽게 안정된다고 합니다. 과연 이와 같이 하는 것이 옳습니까?"

주자의 답변: "중요한 것은 사악함과 바름은 본래 서로 대립하는 것이 아니라는 점이다. 자기 가슴속에 주인이 없는 것이 두려울 뿐이니, 주인이 있으면 사악함은 자연스럽게 들어오지 못한다."

물음: "경하지 못한 생각은 본심本心에서 나오는 것이 아닙니다. 예컨대 분노나 욕심이 싹틀 때, 배우는 자가 스스로 극복해야

하는 것이지, 성현이라 할지라도 어떻게 해줄 수가 없습니다. 사려가 망령되이 발동하는 데 이르면 제지하려 해도 할 수가 없습니다."

주자의 답변: "이와 같은 것을 깨달았다면, 스스로 일깨워야 하고 먼저 막으려 해서는 안 된다. 그러나 이는 단지 자기가 이치를 보는 것이 투철하지 못하고 주인이 정해지지 않았기 때문에 그러하다."

권45 「학 3」〈학문하는 방법의 총론〉

【성리대전 17】 원문 25

면재勉齋 황씨黃氏(黃幹)의 말: "치지致知와 지경持敬 두 가지 일은 서로 촉발하는 것이다. 사람의 마음은 마치 불이 나무를 만나면 타오르듯이 일을 만나면 반응한다. 오직 세상의 이해·득실과 일체의 좋아함에 대해 견해가 분명하다면, 이 마음은 저절로 그것에 의해 동요되지 않으므로, 이른바 지키는 것이 비로소 쉽게 힘을 발휘한다. 이욕利欲이 마음의 주인이 된다면 힘써 제어하려 해도 이 마음이 그 움직임에 따라 펼쳐지므로, 쉽게 막지 못할 것이다. 힘써 제재했더라도 병의 뿌리가 제거되지 않으면, 돌로 풀을 눌러놓지만 돌을 치우면 풀이 다시 올라오는 것과 같다."

권45 「학 3」〈학문하는 방법의 총론〉

서산西山 진씨眞氏(眞德秀)의 말: "정자程子는 '함양涵養은 반드시 경敬 공부를 통해야 하며, 배움의 진전은 치지致知에 달려 있다' 고 했는데, 이치를 궁구하는 일은 이 마음을 주재로 삼기 때문 이다. 반드시 경으로 스스로를 지켜야 하니, 마음에 주재함이 있어 사사로운 뜻과 삿된 생각의 어지러움이 없게 한 후에 궁리 의 기본으로 삼을 것이 있다. 마음에 주재함이 있게 되면 또 사 물마다 각각 그 이치를 궁구해야 하니, 그러한 후에 마음을 다 하는 공효가 지극해진다. 이치를 궁구하려 하면서 경을 지켜 마 음을 기르는 것을 알지 못하면, 사사로운 생각이 어지러이 일어 나고 정신이 혼란하여, 의리에 있어 결코 얻는 바가 없다. 경을 지켜 본심本心을 기르는 것은 알지만 이치를 궁구할 줄 모른다 면, 이 마음이 청명하고 고요하다 하더라도 하나의 텅 비어 있는 것일 뿐, 수많은 의리義理의 주인이 될 수 없으니, 일에 응하고 사 물을 접하는 것을 결코 마땅하게 할 수 없다. 그러므로 반드시 경으로 함양하고 또 배움을 강론하고 신중히 묻고 밝게 판단하 여 그 앎을 지극히 하면, 청명하고 고요한 가운데 모든 이치가 구비될 것이다. 가만히 있을 때는 담연하고 적연하여 미발未發의 중中이 될 것이고, 움직일 때는 널리 응하면서 낱낱이 마땅하여 중절中節의 화和가 될 것이다. 세상의 의리와 학자의 공부는 여기 에 더 보탤 것이 없다."

권45 「학 3」 〈학문하는 방법의 총론〉

【 성리대전 19 】 원문 27

쌍봉雙峯 요씨饒氏(饒魯)의 말: "성誠이라는 도道는 어느 곳에서도 골간骨幹이 되지 않음이 없다. 배우는 자로 말하면, 경敬은 마음을 보존하는 것이니 경이 확립되면 내면이 곧아지고, 의義는 일을 제재하는 것이니 의가 드러나면 외면이 방정해진다. 두 가지는 모두 배우는 사람 자신에게 절실한 일이다. 진실로 성실한 뜻으로 하는 것이 아니면, 경은 참된 경이 아니어서 그 경은 분명 소략할 것이고, 의는 진실한 의가 아니어서 그 의는 분명 잡박할 것이다. 이른바 '성誠하지 않으면 물物이 없다'는 뜻이다."

권45 「학 3」〈학문하는 방법의 총론〉

【 성리대전 20 】 원문 28

물음: "평소 때 어떤 일을 만났을 때는 잡아 보존하는 뜻을 알 수 있습니다. 일이 없을 때는 어떻게 보존하고 함양함이 익숙하게 될 수 있습니까?"

정자의 말: "옛날 사람들은 귀로 듣는 음악과 눈으로 보는 예, 왼쪽이나 오른쪽, 앉는 곳이나 서는 곳, 세숫대야와 사발, 안석과 지팡이 등에 명銘이 있었고 계戒가 있어, 움직이고 쉴 때 이를 보면서 모두 함양하는 것이 있었다. 지금은 이런 것들이 없어졌으니 의리義理의 마음을 기르는 일이 있을 뿐이다. 이런 데서 함양하는 뜻을 보존하여, 오래되면 자연스럽게 익숙하게 된다. 경

경敬이란 무엇인가?

敬하여 안을 곧게 하는 것이 함양이다. 말이 장중하고 경하지 않으면 비루하고 거짓된 마음이 생겨난다. 용모가 장중하고 경하지 않으면 게으르고 태만한 마음이 생겨난다."

권46 「학 4」 〈보존과 함양: 지경을 덧붙임〉

주자의 말: "'반드시 이 마음을 경건하게 지키되, 급박하게 해서는 안 되니, 마땅히 깊고 두텁게 길러야 한다.' 길러낸다는 말은 여기에 하나의 물건을 심는 것과 같은데, 함양하고 지키려는 공력을 계속하여 그치지 말아야 하니, 이를 깊고 두텁게 기르는 일이라고 한다. 이렇게 하고 그 사이에서 넉넉하게 헤엄쳐 노닐면, 흠뻑 젖어들어 스스로 터득하는 것이 있게 된다. 그러나 급박하게 그것을 구하려 하면 이 마음은 이미 조급하고 혼란한 것이니 사사로운 자기일 뿐이다. 결국에는 넉넉하게 헤엄쳐 노닐어 도에 이를 수가 없다."

권46 「학 4」 〈보존과 함양: 지경을 덧붙임〉

물음: "정이천은 '마음은 텅 빈 몸에 있어야 한다'고 했다."

주자의 답변: "경敬하면 곧 텅 빈 몸에 있게 된다."

물음: "어떻게 해야 경할 수 있습니까?"

주자의 답변: "단지 그대로 흐르게 해야지 무엇을 하겠는가? 경

을 말했으니 더 이상 말할 것이 없다."

권46 「학 4」 〈보존과 함양: 지경을 덧붙임〉

【 성리대전 23 】 원문 31

주자의 말: "경敬을 위주로 하면 안과 밖에 모두 숙연하여 잊지
도 않고 조장하지도 않아 마음이 저절로 보존된다. 경을 위주로
하는 것을 모르고 마음을 보존하려고 하면, 한 마음이 한 마음
을 잡으려고 하는 것을 면하지 못하고, 밖에는 어떤 일도 있지
않을 때 마음 안에는 수만 가지 잡생각이 들면서 그 어지러움을
감당하지 못한다. 실제로 잡아 머무르게 할 수 있다 해도 이는
이미 큰 병일뿐인데, 하물며 진정으로 잡아서 머무르게 할 수 없
다면 어떻겠는가?"

권46 「학 4」 〈보존과 함양: 지경을 덧붙임〉

【성리대전 24 】 원문 32

주자의 말: "배우는 자는 일상생활에서 경을 중심으로 한다. 사
물에 감응하거나 감응하지 않거나 막론하고, 평상시에 이렇게
함양하면 선한 단서의 발현이 저절로 밝아진다. 작게나마 틈새
의 단절이 있어 찰식察識하고 존양하여 확충해가면 모두 힘을 들
이는 것이 어렵지 않게 된다."

권46 「학 4」 〈보존과 함양: 지경을 덧붙임〉

경敬이란 무엇인가?

주자의 말: "정이천은 '함양하는 데 반드시 경敬을 쓰고, 배움을 증진시키는 것은 치지致知에 있다'고 했다. 일이 없을 때 보존하고 함양하는 일이 여기에 있어, 일깨워 경각시켜야지 풀어져 있어서는 안 된다. 강학하고 응접할 때는 마땅히 의리를 생각해야 한다."

권46 「학 4」 〈보존과 함양: 지경을 덧붙임〉

물음: "'함양은 반드시 경을 쓴다'고 했는데, 함양은 매우 어려워서 마음속에 이 생각 저 생각이 일어났다 없어졌다 하는데 어떻게 하나로 집중할 수 있습니까?"

주자의 답변: "사람의 마음이 어떻게 사려하지 않게 할 수 있겠는가? 예를 들어 '주공이 삼왕三王을 겸해서 네 가지 일을 시행한다'고 했으니, 어찌 이것이 사려가 없는 일이겠는가? 단지 사사로움에서 나오지 않으면 된다."

물음: "저는 사려가 혼란한 경우가 많아 이 일을 생각하면서 또 저 일에 끌려들어갑니다. 알았다고 해도 또한 저절로 그치기 힘듭니다."

주자의 말: "그것이 옳지 않다는 점을 알았다면 마땅히 끊어야 한다."

권46 「학 4」 〈보존과 함양: 지경을 덧붙임〉

【성리대전 27】 원문 3 5

주자의 말: "이 마음을 함양하는 데 반드시 경敬을 쓰는 것은, 비유하면 어린 아이를 기르는 일과 같다. 혈기가 아직 성숙하지 못한 때는 반드시 기거하고 음식을 먹을 때 방안에서 아이를 기르듯 조심스럽게 살펴야 한다. 그러면 성숙하는 때가 온다. 그러나 어린 아이일 때 매일 바람과 햇볕이 있는 곳에 내놓고 무심하게 살피지 않으면, 어찌 병에 걸려 그 생명이 해롭지 않겠는가?"

권46 「학 4」〈보존과 함양: 지경을 덧붙임〉

【성리대전 28】 원문 3 6

물음: "정이천이 경敬은 함양의 일이라고 했는데, 경은 함양을 다하기에 부족하지 않습니까?"

주자의 답변: "다섯 가지 색은 그 눈을 기르고 성음聲音은 그 귀를 기르며, 의리義理는 그 마음을 기르니, 모두 기르는 일이다."

권46 「학 4」〈보존과 함양: 지경을 덧붙임〉

【성리대전 29】 원문 3 7

주자가 장경부에게 답하는 편지, "보내신 편지에서 이른바 학자는 먼저 단서의 발현을 찰식察識한 뒤에 보존하고 함양하는 공부를 더할 수 있다고 하셨으니, 저는 이에 대해 의심이 없을 수 없습니다. 발현하는 곳은 당연히 찰식해야 하지만, 단지 미발未發

이 있을 때, 이곳에서는 당연히 보존하고 함양해야 합니다. 어찌 발현하기를 기다린 후에 살피고, 살핀 후에 보존하겠습니까? 또한 처음부터 보존하고 함양하지 않고 바로 일이 일어난 것에 따라 찰식한다면 드넓고 망망하여 손을 쓸 곳이 없게 될까 두렵고, 털끝만한 차이가 천리나 어긋나게 하는 오류가 되는 것을 말로 다할 수 없는 것이 있을 것입니다. 이는 정자가 매번 '맹자의 재주는 높지만 배움은 의거할 것이 없으니, 사람들은 반드시 안연의 배움을 배워야 하고, 성인의 경지에 들어가려면 가까운 곳을 해야 힘을 쓸 곳이 있다'라고 말한 것이니, 그 은미한 뜻을 볼 수 있습니다. 또 물 뿌리고 쓸며 응대하고 나아가고 물러나는 일과 같은 것도 보존하고 함양하는 일입니다. 배우는 자들은 이를 먼저 한 뒤에 찰식해야 하는지, 아니면 먼저 찰식하고 그 후에 보존하고 함양하는지를 잘 모릅니다. 이런 점에서 힘쓸 곳의 선후를 분명하게 볼 수 있습니다. 보낸 편지에서 또 고요함을 말하면 허무虛無에 빠진다고 말씀하셨는데, 이는 분명히 깊이 생각해야 할 것입니다. 천리天理로 본다면 움직임은 고요함이 없을 수 없으니, 고요함은 움직임이 없을 수 없는 것과 같습니다. 고요함은 함양함이 없을 수 없는 것은 움직임은 찰식하지 않을 수 없는 것과 같습니다. 단지 한번 움직이고 한번 고요한 것이 서로 그것의 뿌리가 되니, 경敬과 의義로 잡아 지키고 끊어지는 틈을 허용하지 않는 뜻이라면, 고요함이라는 글자를 놓더라도 원래 죽은 것이 아닙니다. 지극히 고요한 것 속에 움직임의 단서가 있습니다.

2장 원전과 함께 읽는 경敬

이는 바로 천지의 마음을 본다는 것이고, 선왕들이 동지와 하지에 문을 걸어 잠근 것입니다. 이러한 때는 편안하고 고요하게 해서 이를 함양할 뿐이지, 사물을 멀리하고 끊어버리며, 눈을 감고 꼿꼿하게 정좌하여, 고요함으로 치우치는 일을 말한 것이 아닙니다. 아직 사물과 접촉하지 않았을 때 바로 경敬하면서 그 속에서 주재한다면, 일이 닥치고 사물이 이르더라도 선한 단서는 밝게 드러나고, 찰식하는 것이 더욱 정밀하고 밝은 까닭일 뿐입니다. 이천 선생이 '오히려 이미 발현할 때 살핀다'라고 한 것은 아직 발현하지 않았을 때 보존하고 함양하는 일이고, 이미 발현했을 때 비로소 살펴 볼만한 것이 있다는 말입니다. 주자周子(주돈이)가 말한 주정主靜은 바로 중정인의中正仁義를 가지고 말한 것입니다. 정正으로 중中을 짝하면 중中이 중요하고, 의義로 인仁을 짝하면 인은 근본일 뿐입니다. 이 네 가지 외에 따로 주정主靜이라는 하나의 단계가 있는 것이 아닙니다. 보내신 편지에서는 또 제가 정靜을 근본으로 하고 있다고 하면서, 경敬을 근본으로 한다고 말하는 것보다는 못하다고 했는데, 이는 분명 그러합니다. 그러나 경敬이라는 글자의 공부는 동정動靜을 관통하되, 반드시 정靜을 근본으로 하기 때문에, 저는 예전부터 거듭해서 이런 말을 했습니다. 지금 경敬으로 바꾼다면 비록 완전한 것 같지만 오히려 경을 베푸는 것에 선후가 있다는 것을 알지 못하면, 또한 합당하지 못할 것입니다. 보내신 편지에서 움직임에서 고요함이 보존되는 것을 보아야 하고, 고요함에서 움직임의 근본을 함양

경敬이란 무엇인가?

해야 하니, 움직임과 고요함이 서로 의지하고 체와 용이 떨어지지 않은 뒤에야 틈으로 새는 허점이 없다고 하셨습니다. 이 몇 구절은 뜻과 말이 탁월하게 함께 갖추어져 있으니, 그것을 적어 좌우명으로 하고 나가고 들어올 때마다 살필 것입니다."

권46 「학 4」 〈보존과 함양: 지경을 덧붙임〉

【성리대전 30】 원문 38

정자의 말: "군자는 어떤 일을 마주하면 크고 작은 것에 상관없이 경敬에 집중할 뿐이다. 아주 작은 일을 소홀히 하면서 스스로 크다 여기면 경이 아니고, 사사로운 지혜를 꾸미서 기책奇策으로 삼는 것은 경이 아니다. 감히 태만함이 없는 것을 알려고 할 뿐이다. 『논어』에서 '거처할 때 공손히 하며, 일을 할 때 공경히 해야 한다. 이것은 비록 오랑캐의 나라에 가더라도 버려서는 안 된다'고 했다. 그러나 일을 할 때 공경히 해야 하는 것은 사람이 되는 단서다. 이 마음을 미루어 이룬다면 돈독하고 공손하게 되어 세상이 평화롭다."

권46 「학 4」 〈보존과 함양: 지경을 덧붙임〉

【성리대전 31】 원문 39

정자의 말: "도에 들어가는 것은 경敬 공부를 하는 일 만한 것이 없다. 지知를 이룰 수 있으면서 경에 있지 않은 자는 없다. 지금 사람들은 마음을 잡는 것이 안정되지 못하고, 마음을 보는 것을

도적처럼 하여 조절하지 못한다. 이는 일이 마음을 얽매는 것이 아니라, 마음이 일에 얽매이는 짓이다. 세상에 어떤 사물도 마땅히 없어야 할 것은 없으므로, 미워해서는 안 된다는 점을 알아야 한다."

권46 「학 4」〈보존과 함양: 지경을 덧붙임〉

【성리대전 32】 원문 40

정자의 말: "배우는 사람이 가장 먼저 힘써야 할 것은 심지心志다. 어떤 사람은 보고 듣고 알고 사려하는 것을 막으려고 한다. 이는 '성聖을 끊고 지혜를 버린다'는 뜻이다. 어떤 사람은 사려를 끊고자 하는데 그 혼란이 걱정된다고 하니 이는 좌선에 빠지는 짓이다. 여기 밝은 거울이 있어 모든 것을 비추면, 이것이 거울의 상도常道이므로, 사물을 비추지 않게 하기는 힘들다. 사람의 마음은 만물과 교감하지 않을 수 없으니 또한 사려하지 않게 하기 어렵다. 이를 면하려 한다면 오직 이 마음에 주인이 있어야 한다. 어떻게 하면 주인이 되는가? 경敬 공부를 할 뿐이다. 주인이 있으면 텅 비고 텅 빈 것에는 사특함이 들어올 수 없다. 주인이 없으면 꽉 차니 꽉 찬 것은 사물이 와서 빼앗을 수 있다. 지금 항아리가 있는데 안에 물이 가득 차 있다면 강과 바다에 가라앉혀 놓을지라도 항아리에 물이 들어갈 수 없으니, 어찌 텅 비우지 않을 것인가? 안에 물이 없다면 멈추어 있는 물이 끊임없이 들어가니, 어찌 꽉 채우지 않을 수 있겠는가? 사람의 마음은 두 측면

경敬이란 무엇인가?

에서 작용하지 않으니, 한 가지 일에 마음을 쓰면, 다른 일은 들어올 수 없는 것은 그 일이 주인이 되기 때문이다. 일이 주인이 되면 사려가 어지러워지는 근심이 없으므로, 경敬 공부에 집중하는데 어떻게 이러한 근심이 있겠는가? 경은 하나로 집중하는 일이다. 하나는 어디로 가는 것이 없음을 말한다. 또한 하나로 집중하는 뜻을 함양하여, 하나가 되면 둘 셋은 없게 된다. 경 공부를 하는 데는 성인의 말만한 것이 없다. 『역』에서 '경敬하여 안을 곧게 하고, 의義하여 밖을 바르게 한다'고 했는데, 반드시 안을 바르게 해야 하나로 집중하는 뜻이 된다. 감히 속이지 않고, 태만하지 않으며, 방 깊은 곳에서 부끄러움이 없는 것에 이르는 것이 모두 경 공부의 일이다."

권46 「학 4」 〈보존과 함양: 지경을 덧붙임〉

정자의 말: "동작과 용모를 바르게 하고 사려를 정제하면 자연스럽게 경敬이 생겨난다. 경은 단지 하나로 집중하는 일이다. 하나로 집중하면 동쪽으로 가지 않고 또 서쪽으로 가지 않는다. 이렇게 한다면 중中일뿐이다. 이쪽으로 가지 않고 또 저쪽으로 가지 않는다. 이렇게 하면 단지 안에 있는 것이다. 이를 보존하면 저절로 천리天理가 밝혀진다. 배우는 사람은 반드시 경 공부를 하여 안을 곧게 하고 이 뜻을 함양한다. 안을 곧게 하는 것이 근본이다."

【성리대전 34】 원문 42

상채上蔡 사씨謝氏(謝良佐)의 말, "경은 항상 또렷또렷하게 깨어 있는 법이다. 마음을 고르게 하는 것은 모든 일에서 마음을 내려놓는 작업이다. 그 이理는 다르다."

권46 「학 4」〈보존과 함양: 지경을 덧붙임〉

【성리대전 35】 원문 43

물음: "경의 모습은 어떠합니까?"

상채 사씨의 답변: "엄숙하기를 사려하는 것처럼 할 때 볼 수 있다."

물음: "배움은 경 공부를 하는 일이지만, 억지로 구속하는 것을 면할 수 없으니 어찌해야 합니까?"

상채 사씨의 답변: "억지로 구속하는 것이 지나치다면 이는 당연히 옳지 않다. 평상시에 일을 하는 데 마음을 지나치게 쓰면 잃음이 있다. 그것은 잊지 말되 조장하지도 않는 사이에 있을 뿐이다."

권46 「학 4」〈보존과 함양: 지경을 덧붙임〉

【성리대전 36】 원문 44

물음: "경敬 공부와 신중함[愼]은 어떤 차이가 있습니까?"

상채 사씨의 답변: "가벼운 것을 들었는데도 감당하지 못할 듯이 하고, 텅 빈 것을 들었는데도 가득 찬 것을 든 것처럼 하는 것

은 아주 신중한 태도다. 경 공부를 하면 신중함은 그 가운데 있다. 경 공부를 하면 외부의 사물이 함부로 바꿀 수 없다. 배우는 사람이 반드시 적합하지 않은 일들을 버린다면 경 공부를 하는 것이다. 경 공부를 하면 마음을 함부로 바꿀 수 없다. 경 공부를 했는데 어떤 것을 바꿀 수 있겠는가?"

그리고는 앉아 있는 정자亭子를 가리키며 말했다. "이 정자는 반드시 백강원 정자라고 해야지, 다른 어떤 이름으로 부르겠는가?"

물음: "배우는 사람이 이치를 궁구하지 못하면 먼저 살필 일은 없는 것입니까?"

상채 사씨의 답변: "일에서 공부를 하지 못하는 것도 아니고, 반드시 일에서 공부해야 하는 것도 아니다. 예를 들어 어떤 사람이 움직임 가운데 고요함이 있고, 고요함 가운데 움직임이 있다고 말하는 것처럼, 이러한 이치가 있다. 그러나 고요하면서 움직이는 것은 많지만, 움직이면서 고요한 것은 적으므로 고요함에 있는 경우가 많아도 상관없다."

권46 「학 4」〈보존과 함양: 지경을 덧붙임〉

【성리대전 37】 원문 45

화정和靖 윤씨尹氏(尹焞)의 말: "내가 처음 이천 선생을 뵈었을 때 나에게 경敬이라는 글자를 가르쳤다. 내가 더욱 가르침을 청하자, 이천 선생이 말했다. '하나로 집중하는 것이 경이다.' 당시에도 이 말을 깨달았지만 근래에 직접 본 것만 못하다. 기관祁寬이 어떤 것이 하나로 집중하는 것인지를 묻자, 선생이 이렇게 말했다. '경에 어떤 형체와 그림자가 있겠는가? 단지 몸과 마음을 수렴하면 이것이 하나로 집중하는 일이다. 예를 들어 사람이 신사神祠에 이르러 경을 다할 때 그 마음을 수렴하여 털끝만한 일도 마음에 두지 않으니 하나로 집중하는 것이 아니고 무엇이겠는가?'"

권46 「학 4」〈보존과 함양: 지경을 덧붙임〉

【성리대전 38】 원문 46

주자의 말: "요 임금은 최초로 나와서 나라를 다스린 첫 번째의 성인이다. 『상서尚書』 「요전」이 바로 그 첫 번째의 전적인데, 요 임금의 덕을 말하면서 다른 글자는 전혀 쓰지 않았다. 공경한다는 뜻의 흠欽이라는 글자가 첫 번째다. 지금 성현들의 천만가지 말들을 보면, 큰일이나 작은 일을 막론하고 경敬에 근본하지 않은 것이 없다. 자기의 정신을 여기에서 수습해야 그 도리를 완전히 볼 수 있다. 도리를 완전하게 보지 못한 것은 단지 하나로 집중하지 못했기 때문이다."

물음: "하나로 집중하는 일을 경敬이라 하는데, 경은 하나로 집중하는 일이 아닙니까?"

주자의 말: "하나로 집중하는 일은 경이라는 글자를 주해注解한 것이다. 요컨대 크고 작은 일을 막론하고, 항상 자기의 정신과 사려를 모두 여기에 있게 해야 함을 알아야 한다. 일을 당했을 때 이렇게 하고, 일이 없을 때도 이렇게 해야 한다."

경敬이란 무엇인가?

【성리대전 39】 원문 47

주자의 말: "경敬 공부를 하면 모든 이치가 갖춰지게 된다."

권46 「학 4」 〈보존과 함양: 지경을 덧붙임〉

【성리대전 40】 원문 48

주자의 말: "경敬은 온갖 생각을 멈추고 있는 상태를 말하는 것이 아니라, 일에 따라 오로지 하나로 하면서 삼가고 조심하여 멋대로 하지 않는 것일 뿐이다. 단지 눈을 감고 정좌하여 귀로 듣지 않고 눈으로 보지 않으며 사물을 접촉하지 않는다고 경 공부를 한 것은 아니다. 몸과 마음을 가지런히 하고 수렴하여 방종하지 않는 것이 경이다. 일찍이 경이 어떤 글자와 비슷한지 생각했는데, '두려워할 외畏'라는 글자와 유사하다고 했다."

권46 「학 4」 〈보존과 함양: 지경을 덧붙임〉

【성리대전 41】 원문 49

주자의 말: "경은 단지 수렴하는 일이니, 정자도 경을 이렇게 말했다. 공자는 행실이 돈돈하고 경하며, 경하여 안을 곧게 하고 의하여 밖을 바르게 한다고 했다. 성현 또한 이와 같으니, 단지 공부의 깊고 얕음이 다르다. 성현들의 말이 좋다. '사람이 태어나 고요한 것이 하늘의 본성이고, 사물에 감하여 움직이는 것이 본

성을 움직이는 욕심이다. 사물에 이르면 지식을 알게 되고 그 뒤에 좋고 싫음이 형성된다. 좋고 싫음이 안에서 절도가 없으면 지식이 밖에서 유혹되고, 이를 몸에 돌이킬 수 없으면 천리가 없어진다.'"

권46 「학 4」〈보존과 함양: 지경을 덧붙임〉

【성리대전 42】 원문 50

물음: "경敬은 덕을 모으는 일이다."

주자의 답변: "경 공부를 하면 덕이 모인다. 경 공부를 하지 않으면 모두 흩어진다."

권46 「학 4」〈보존과 함양: 지경을 덧붙임〉

【성리대전 43】 원문 51

주자의 말: "경 공부를 하면 마음은 하나가 된다."

권46 「학 4」〈보존과 함양: 지경을 덧붙임〉

【성리대전 44】 원문 52

주자의 말: "경은 이 마음이 본래 주재하는 곳이다."

권46 「학 4」〈보존과 함양: 지경을 덧붙임〉

【성리대전 45】 원문 53

주자의 말: "경의 실천은 사람을 지탱하는 일이다. 사람이 방자

하고 태만할 때 경을 실천하면 이 마음을 지탱하여 일어난다. 항상 그렇게 하면 방자하고 편벽되고 사특하고 과시하는 뜻이 있더라도 물러나게 된다."

권46 「학 4」 〈보존과 함양: 지경을 덧붙임〉

【성리대전 46】 원문 5 4

주자의 말: "경은 그대로 앉아 있는 것이 아니라, 걷고 움직일 때도 항상 이 마음이 여기에 있게 해야 하는 일이다."

권46 「학 4」 〈보존과 함양: 지경을 덧붙임〉

【성리대전 47】 원문 5 5

주자의 말: "경을 유지하는 표현은 많이 말할 필요가 없다. 단지 '몸가짐을 가지런히 하고 엄숙히 한다'는 정제엄숙整齊嚴肅과 '엄숙하여 위엄 있고, 엄숙하여 공손하다' '동작과 용모를 바르게 하고 사려를 정제한다' '의관을 바로 하고 시선을 높이 두다' 등의 말들을 깊이 음미하고 실제로 공을 들이면, '안을 바르게 하는 일'과 '하나로 집중하는 일'을 자연스럽게 안배할 필요 없이 몸과 마음이 숙연하게 안과 겉이 하나처럼 된다."

권46 「학 4」 〈보존과 함양: 지경을 덧붙임〉

【성리대전 48】 원문 5 6

물음: "경敬은 어떻게 힘을 씁니까?"

주자의 답변: "안으로 망령된 사려가 없고 밖으로 망령된 행동이 없는 것이다."

권46 「학 4」〈보존과 함양: 지경을 덧붙임〉

【성리대전 49】 원문 57

물음: "이정二程은 오로지 사람들에게 경敬을 유지하는 일을 가르쳤습니다. 경을 유지하는 일은 하나에 집중하는 것에 달려 있습니다. 모든 일에서 경하게 되면, 앉거나 서거나 말하거나 침묵하는 것이 모두 법도 안에 있습니다. 때문에 그것이 오래 지속되어 정밀하고 익숙해져 마음을 따라 바라는 것이 법도를 벗어나지 않는 이치가 있게 됩니다. 안자가 따르겠다고 한 네 가지도 또한 경을 유지하는 일입니까?"

주자의 답변: "배움에는 경 공부를 통해 경을 유지하는 일보다 중요한 것이 없다. 그러므로 정이천은 '경하면 극복할 사욕私欲이 없고, 많은 일이 줄어든다.' 그러므로 이 일은 매우 큰 동시에 매우 어렵다. 반드시 위급하고 짧은 순간일지라도 경敬으로 해야 하고, 조금의 끊어짐도 없어야 한다. 그렇게 해야 비로소 공이 있어, '민첩하여 공이 있다'는 뜻이 된다. 만약에 오늘은 행하고 내일은 그치며 내려놓고 또 다시 수습하면 어느 때에 효과를 보겠는가! 자신을 수양하고, 집안을 다스리고, 나라를 다스리며, 세상을 평정하는 일에서 조금도 경을 실천하는 데 소홀히 해서는 안 된다. 예를 들어 탕왕의 '성경聖敬이 날로 올라가는 일'이나,

경敬이란 무엇인가?

문왕의 '조심하고 공경하고 공경하는 일'은 모두 이에 해당한다. 그것은 단지 경과 하나가 되는 일이다. 때문에 자신이 반드시 유지하려고 해야 한다. 조금만 느슨해져도 잊어버리므로 항상 깨어 있어야 한다. 그리하여 오래 되면 익숙하게 되어 '마음이 바라는 것을 따라도 모두 법도에서 벗어나지 않았다'는 경지를 알 수 있다. 안자의 경우에도, 경을 유지했을 뿐이다."

권46 「학 4」〈보존과 함양: 지경을 덧붙임〉

【성리대전 50】원문 58

물음: "경敬이란 한 글자에 대해, 처음에는 두 가지의 본체〔體〕가 있는 것처럼 보았습니다. 하나는 하나에 집중해서 옮기지 않으면, 마음의 본체가 항상 보존되어, 마음이 일어나 달아나는 것이 없다는 뜻입니다. 다른 하나는 어떤 일을 당하여 조심하고 삼가며 두려워하면서, 태만하거나 쉽게 여기지 않는다는 뜻입니다. 최근 어떤 일에 부딪치면서 조심하고 삼가며 두려워하는 것은 하나하나의 마음과 생각이 언제나 이 일에만 있어, 여럿으로 갈라지는 미혹이 없어, '마음은 넓고 몸은 펴지는' 기상이 있음을 알게 되었습니다. 이것이 하나에 집중하여 옮겨가지 않는 것이 아니고 무엇이겠습니까? 마음을 움직이되 둘 셋의 잡념이 없는 것은 이 하나에 집중했기 때문입니다. 마음이 고요하되 사특하고 망령된 잡념이 없는 것 또한 이 하나에 집중한 것입니다. 하나에 집중한다는 것은 움직임과 고요함을 겸해 말하는 것입니

2장 원전과 함께 읽는 경敬

다. 고요하면서 일이 없다는 것은 오직 오고가며 나가고 들어오는 것이 그친 상태에 집중하고 있을 뿐입니다. 정말 그러한지 잘 모르겠습니다."

주자의 답변: "하나에 집중한다는 것은 움직임과 고요함을 겸해서 말한 것은 맞다. 그런데 나가고 들어오는 것이 그친 상태라는 구절은 이해할 수 없다."

권46 「학 4」〈보존과 함양: 지경을 덧붙임〉

【성리대전 51】 원문 59

물음: "'하나에 집중한다'는 말의 의미가 무엇인지 묻습니다."

주자의 답변: "한 가지 일을 하고 또 한 가지 일을 한다. 한 가지 일을 끝내고 다시 한 가지 일을 한다. 요즘 사람들은 한 가지 일이 끝나지 않았는데도 또 다른 일을 하려고 하니, 마음에는 천만 가지 두서가 있다."

권46 「학 4」〈보존과 함양: 지경을 덧붙임〉

【성리대전 52】 원문 60

물음: "하나에 집중하는 일은 어떻게 공부해야 합니까?"

주자의 답변: "그렇게 질문해서는 안 된다. 하나에 집중하는 일은 단지 하나에 집중하는 것이니, 다시 하나에 집중하는 것에서 도리를 물을 필요가 없다. 이는 사람이 밥을 먹을 때 먹고 나서 배가 부른데, 사람에게 어떻게 밥을 먹느냐고 질문하는 것과 같

경敬이란 무엇인가?

다. 선현들이 말하는 것은 아주 분명하므로 그렇게 말할 뿐이다. 사람이 스스로 체인하여 얻는 것이니, 하나에 집중하는 일은 오로지 한결같이 하는 것이다."

권46 「학 4」〈보존과 함양: 지경을 덧붙임〉

어떤 사람의 말: "하나에 집중하는 것은 한 가지 일에 집중하는 것이 아닙니다. 이는 하루 사이에도 기미가 만 가지나 되니, 반드시 모두 반응해야 하는 것과 같습니다."

주자의 말: "하루 사이에 기미가 만 가지가 되더라도 모두 반응할 도리는 없다. 반드시 한 가지 일마다 이해해야 한다. 단지 총명한 사람만이 재빠르게 그 도리를 본다."

권46 「학 4」〈보존과 함양: 지경을 덧붙임〉

물음: "사특함을 막으면 하나로 견고해집니다. 하나로 집중하면 다시 사특함을 막는 것을 말할 필요가 없습니다."

주자의 답변: "여기에서 사특함을 보고 그것을 막으려 한다면 이 마음은 곧 하나가 된다. 그래서 사특함을 막으면 하나로 견고해진다고 했다. 하나로 되었다면 사특함은 들어갈 수가 없으니, 또 사특함을 막으라고 말할 필요가 없다. 마치 밖에 도둑이 있는 것을 알아서 그날 밤에 반드시 도둑을 방비하려면 깨어 있어야 한

다. 깨어 있다면 다시 도적을 방비한다고 말할 필요가 없다."

권46 「학 4」 〈보존과 함양: 지경을 덧붙임〉

【성리대전 55】 원문 6 3

어떤 사람의 말, "사특함을 막는 것과 하나로 집중하는 것은 무엇입니까?"

주자의 답변: "하나에 집중하는 것은 그 뜻〔志〕을 지키는 일과 같고, 사특함을 막는 것은 그 기〔氣〕를 난폭하게 다루지 말라는 의미다. 사특함을 막는 것은 사특한 기가 들어오지 못하게 하는 것이고, 하나에 집중하면 안에서 지키므로, 두 가지는 치우칠 수 없다. 이는 안과 밖이 서로 길러주는 도다."

권46 「학 4」 〈보존과 함양: 지경을 덧붙임〉

【성리대전 56】 원문 6 4

물음: "정이천은 '하나로 집중하는 것은 경〔敬〕이라 하고, 다른 곳으로 가는 것이 없는 일을 하나라고 한다'라고 했다. 또 '사람의 마음이 항상 살아 있다면, 두루 흘러 넘쳐 끝이 없고 한 구석에 정체되지 않는다'고 했습니다. 어떤 사람이 하나로 집중하면 정체되고, 정체되면 두루 흘러 넘쳐 무궁할 수가 없다고 의심했습니다. 나는 이렇게 말했습니다. 하나로 집중하면 이 마음이 보존되고, 이 마음이 보존되면 사물이 와도 이치에 따라 반응하니, 어째서 정체가 있겠습니까?"

주자의 답변: "분명히 그렇다. 그러나 하나로 집중하는 것이 어째서 한 가지 일에 정체했겠는가? 하나에 집중하지 못하면 이 일을 이해하고서도 마음은 저기에 머무르니, 이는 한 구석에 정체되는 것이다."

물음: "대강으로 말하자면, 여기 어떤 사람이 있는데 지금 대응하는 일이 아직 끝나지 않았는데, 다시 다른 일이 닥치면 어떻게 해야 합니까?"

주자의 답변: "반드시 한 가지를 끝마치고 또 한 가지를 이해해야 하므로, 또한 잡스럽게 대응할 도리가 없다. 아주 부득이할 경우라면 그 경중을 헤아리는 것이 옳다."

권46 「학 4」〈보존과 함양: 지경을 덧붙임〉

【성리대전 57】 원문 65

주자의 말: "사람에게 조급하고 망령된 병이 있는 것은 아마도 거경居敬의 공부가 제대로 되지 않았기 때문이다. 그러므로 마음은 사물을 주재할 수 없고, 기氣가 지志를 움직여서 그렇게 된 것일 뿐이다. 하나에 집중하여 둘로 분산되지 않게 하고, 일에 임하고 사물을 접할 때 참된 마음이 앞에 나타나 뚜렷하게 혼란시킬 수 없다면 또 어찌 이런 병통이 있겠는가? 어떤 사람이 정자程子에게 '마음은 잡고 있기가 정말 어려운데 어떻게 하면 되겠습니까?'라고 하자, 정자는 '경敬 공부를 하라'고 했고 또 '잡고 단속하는 것은 경敬일 따름이다'고 했다. 오직 경이 마음을 곧게 할 수 있으

므로 그 의義가 바깥을 반듯하게 할 수 있다. 의가 모이고 기氣가 길러질 수 있으면 희로애락喜怒哀樂이 발현하여 절도에 맞지 않는 것이 적다. 맹자는 호연지기浩然之氣를 기르는 일에 대해 논하면서 의義가 모여 생겨나는 것이라고 여겼고, 계속하여 '반드시 일삼되 효과를 미리 기대하지 말아 마음에 잊지도 말고 억지로 조장하지도 말라'고 했다. 이는 또한 거경으로 의를 모으는 근본으로 삼은 것이다. '반드시 일삼되'라고 한 것은 경을 말한다. 이는 오직 '그 마음이 엄숙하여 항상 일삼는 일이 있는 것 같이 하라'고 말하는 것과 같다. 그 마음이 엄숙하여 항상 일삼는 일이 있는 것 같이 하면, 사물이 어지럽게 이르고 뒤섞여 올지라도, 그것이 어찌 나의 앎과 생각을 혼란스럽게 할 수 있겠는가? 마땅함과 마땅하지 않음, 가함과 가하지 않음의 기미가 마음속에서 분명해질 것이다. 이렇게 하면 마음은 편안하게 만물의 변화에 대응할 수 있으니 무슨 조급하고 망령됨이 있겠는가?"

권46 「학 4」〈보존과 함양: 지경을 덧붙임〉

【성리대전 58】 원문 66

물음: "공부를 어떻게 시작하면 좋은지 묻습니다."

주자의 답변: "단지 이 마음을 수렴하여 달아나지 않도록 하면 된다. 밖에 바람이 불고 풀이 흔들리는 것을 볼 경우, 그것을 보면 되지 다른 어디에서 수많은 마음을 얻어 그것에 호응하겠는가? 이런 일도 수렴하지 않은 데 해당한다."

물음: "하나에 집중하는 일을 경이라고 하지 않습니까?"

주자의 답변: "하나에 집중하는 일은 경敬의 별칭이니 단지 수렴해야 한다. 종묘에서는 단지 경하고 조정에서는 단지 엄격하며, 규문閨門에서는 화합할 뿐이다. 이것이 경을 유지하는 일이다."

권46 「학 4」〈보존과 함양: 지경을 덧붙임〉

【성리대전 59】 원문 67

물음: "고요할 때 사려가 혼란스럽게 요동하는 경우가 많습니다."

주자의 답변: "이는 단지 하나에 집중하지 못했기 때문이니, 사람의 마음은 모두 이러한 병통이 있다. 독서하고 공부하여 이 마음을 묶어 두는 것만 못하니, 점차로 진행해 나가다가 세부 절목에 이르러 자연스럽게 공효의 깊고 얕음을 본다. 대체로 이치는 사람의 몸 안에 있지 밖에 있지 않다. 사람이 기필할 수 없는 이익과 명예에 얽매이기 때문에 본원의 고유한 것이 날로 어둡게 가려지니 어찌 애석하지 않겠는가!"

권46 「학 4」〈보존과 함양: 지경을 덧붙임〉

【성리대전 60】 원문 68

물음: "정자는 경으로 사람을 가르쳤는데, 스스로 하나로 집중하는 것을 경이라 하여 '동쪽으로도 가지 않고 서쪽으로도 가지 않으며 이쪽으로도 가지 않고 저쪽으로도 가지 않는다'고 했습니다. 이와 같이 하면 어느 때인들 보존하지 않겠습니까? 근래

에 또 '예와 악은 잠시라도 몸에서 떠나서는 안 된다'는 말을 몸소 연구했습니다. 예는 엄격하고 삼가는 것이고, 악은 조화롭고 즐거운 것입니다. 두 가지는 서로 의지한 뒤에야 능숙하게 실행할 수 있습니다. 그러므로 명도明道 선생은 경으로 사람을 가르쳤고, 또 스스로 '그 밖의 일에 대해서는 사려하는 것이 여유로웠다'고 했습니다. 또 '이미 얻은 뒤에 반드시 다시 열어놓아야 하니, 그렇지 않으면 지키고 있기만 할 뿐이다'고 했습니다. 그러므로 사자謝子(謝良佐)는 이를 바탕으로 펼치고 밀치는 논의를 했습니다. 초학자는 기세를 잡아 지켰더라도 펼치고 밀치는 논의에만 익숙해져서는 안 됩니다. 이 두 가지에서 어떤 것을 따르고 어떤 것을 거스르겠습니까?"

주자의 답변: "두 선생이 논한 경 공부는 반드시 움직임과 고요함을 관통해서 보아야 얻을 수 있다. 아무런 일이 없을 때 보존하고 주재하여 나태하지 않는 것이 경이다. 그러다가 사물에 반응하고 서로 주고받으며 혼란하지 않는 것도 경이다. 그러므로 '경하지 않는 것이 없으며 엄숙하기가 마치 사려하는 듯한다'고 했다. 또 '일처리 하는 데 경을 생각한다' '일할 때 경해야 한다'고 했으니 어찌 마음을 잡고 좌선하는 것만을 경이라 하겠는가? 예와 음악은 반드시 서로 의지한다. 음악이라는 것은 또한 가슴속에 아무런 일이 없이 자연스럽게 화평하고 즐거운 것을 말하는 데 불과할 뿐이지, 의도를 가지고 마음을 개방하여 화평하고 즐거운 일을 욕망하는 것은 아니다. 그러나 가슴속에 아무런 일이

없게 하려는 것은 경이 아니면 불가능하다. 그러므로 정자가 '경하면 자연스럽게 화평하고 즐겁다'라고 했고, 주자周子(주돈이) 또한 '예를 먼저 하고 음악은 다음이다'라고 했으니 이를 알 수 있다. '이미 얻은 뒤에 반드시 다시 펼쳐야 하니, 그렇지 않으면 그냥 지키기만 할 뿐이다'라고 했는데, 이는 스스로 얻은 후에 자연스럽게 마음과 이치가 합쳐져 예법의 구애를 받지 않고 저절로 절도에 맞다는 말이다. 이렇게 할 수 없다면 스스로 얻지 못하고 예법만 지키는 사람이 될 뿐이다."

권46 「학 4」〈보존과 함양: 지경을 덧붙임〉

【성리대전 61】 원문 69

물음: "화정和靖(윤돈)은 정제엄숙으로 경을 논했으나, 오로지 내면을 중으로 했습니다. 상채(사량좌)는 오로지 일에서 공부하였으므로, 경은 항상 깨어있는 종류라고 했습니다."

주자의 답변: "사상채와 윤돈의 두 설명은 안과 밖으로 구분되지만, 모두 자기 마음의 공부다. 일에서 어찌 정제엄숙하지 않을 수 있으며, 고요한 곳에서 어찌 항상 깨어 있지 않을 수 있겠는가?"

권46 「학 4」〈보존과 함양: 지경을 덧붙임〉

【성리대전 62】 원문 70

주자의 말: "요즘 배우는 사람들의 병통은, 단지 경을 유지하는 공부가 원초적으로 결핍되어 있다. 그래서 하는 일마다 분열을

일으킨다. 경을 말하는 자는 또 '이 마음을 보존하면 저절로 이 理에 맞다고 말만할 뿐이다. 그러나 용모나 말투에 이르러서 전혀 공부하지 않는다. 또한 마음의 생각이 어두워 분명하지 못한데 진실로 보존될 수 있겠는가? 정자가 경은 반드시 '정제엄숙'할 것과 '의관을 바로 하고 시선을 높이 두는 일'을 우선시해야 한다고 말했고, 또 '다리 뻗고 앉아 있으면서 마음이 태만하지 않는 자는 없다'고 했다. 이와 같아야 제대로 된 논의다."

권46 「학 4」〈보존과 함양: 지경을 덧붙임〉

【성리대전 63】 원문 71

물음: "사람이 어떻게 그 성誠과 경敬을 발현하고 그 욕심을 없앨 수 있습니까?"

주자의 답변: "이것이 가장 지극한 경지다. 성은 수많은 거짓을 없애는 일이고 경은 수많은 태만을 없애는 일이다. 욕심은 막아야 한다."

권46 「학 4」〈보존과 함양: 지경을 덧붙임〉

【성리대전 64】 원문 72

주자의 말: "경 공부는 논밭을 다스리고 물을 대는 공덕과 같고, 사욕私欲을 극복하는 일은 잡초를 제거하는 것이다."

권46 「학 4」〈보존과 함양: 지경을 덧붙임〉

물음: "대체로 배우는 사람은 반드시 먼저 경을 이해해야 한다. 경은 다리를 세워 나갈 곳이므로 항상 스스로 살펴야만 한다. 살피면 바로 여기에 있다. 어떤 사람은 이러한 일이 가장 어렵다고 생각한다."

주자의 답변: "성찰하지 않음을 근심할 뿐이다. 단절되어 있음을 느꼈다면 이미 접속된 것이니 무슨 어려움이 있겠는가? 잡으면 보존되고 놓으면 잃으니 잡고 놓는 두 가지 사이에 달려 있을 뿐이다. 요컨대 잡는다〔操〕는 한 글자일 뿐이다. 중요한 곳에 이르러서는 온갖 문자 언어를 없애야 한다. 이러한 뜻이 이루어지고 익숙해졌다면 '잡는다'는 글자도 쓸 필요가 없다."

권46 「학 4」〈보존과 함양: 지경을 덧붙임〉

물음: "계속해서 잡고 있다가 풀어놓으면 그대로 약해지는 것을 느끼는데 어떻게 해야 할지 모르겠습니다."

주자의 답변: "그럴 땐 단지 그대로 잡으려고만 해서는 안 된다. 잡으려고만 하면 또 잡으려고 하는 마음이 덧붙여져 많은 일이 생겨난다. 풀어졌다는 것이 좋지 않음을 알아서 바로 느끼면 바로 일깨워지니 그것이 경敬이다."

물음: "정좌하여 오래되면 하나의 생각이 일어나는 것을 피할 수 없으니 어떻게 해야 합니까?"

주자의 답변: "반드시 그 하나의 생각이 어떤 일을 하려는지 보아야 한다. 그것이 좋은 일이라 당연히 해야 할 일이라면 반드시 해야 한다. 혹은 이 일에 대해 생각한 것이 투철하지 못했다면 생각을 해야 한다. 좋지 않은 일이라면 해서는 안 된다. 자신이 이렇다는 것을 느끼면 이 경敬은 바로 여기에 있다."

권46 「학 4」〈보존과 함양: 지경을 덧붙임〉

【성리대전 67】 원문 75

주자의 말: "경은 한 가지 일을 보는 것이 아니라, 단지 자신의 정신을 수습하여 여기에서 하나로 집중하는 일이다. 지금 배우는 사람들이 정진하지 못하는 까닭은 격물格物을 말할 줄만 알았지, 정작 자신의 뼈 속에서는 그런 일이 매우 부족하고 정신과 생각이 모두 그렇게 하나로 집중하지 못하여 공부가 그렇게 정밀하고 날카롭지 못하기 때문이다. 어떤 일에서 자신의 뜻이나 사려가 있다고 말하는 것은 아니지만, 단지 산을 보고 물을 즐기되, 마음을 이끌어내어 그것이 항상 안에 있는 듯이 하는 것이 좋다. 예를 들어 세상에서 가장 한가로운 것과 같아 모든 것들이 의식을 끊어 사람의 감정에 가깝지 않더라도 이와 같아야 비로소 좋다."

권46 「학 4」〈보존과 함양: 지경을 덧붙임〉

주자의 말: "경敬에는 죽은 경이 있고 살아 있는 경이 있다. 단지 하나에 집중하는 경을 지키고만 있다가 일에 닥쳤는데도 의義로 해결하지 못하거나 그 시비를 분별하지 못한다면 살아 있지 않은 것이다. 익숙해진 뒤에 경하는 것이 곧 의가 있고, 의하면 곧 경이 있다. 고요하면 그것이 경하거나 경하지 않은지를 살필 수 있고, 움직이면 그것이 의하고 의하지 않은지를 살필 수 있다. 마치 '문을 나가서는 큰 손님을 만난 것처럼 사람을 대하고, 백성을 부릴 때는 큰 제사를 받드는 것처럼 한다'는 일과 같으니 경하지 않은 때 어떻게 하겠는가? '앉아 있기를 시동과 같이 하고, 서 있기를 단정히 한다'는 것과 같으니, 경하지 않은 때 어떻게 하겠는가? 반드시 경과 의를 양쪽에 끼고 순환하여 끝없이 해야 하면 안과 밖에 통한다."

권46 「학 4」〈보존과 함양: 지경을 덧붙임〉

주자의 말: "경과 의는 한 가지 일이다. 예컨대 두 다리로 똑바로 서는 것이 경이고, 걷는 것이 의다. 눈을 감은 것이 경이고 눈을 뜨고 사물을 보는 것이 의다."

권46 「학 4」〈보존과 함양: 지경을 덧붙임〉

【성리대전 70】 원문 78

주자의 말: "일이 없을 때는 단지 경하여 안을 곧게 하라고 한다. 사물이 오면 마땅히 시비를 분별해야 하니, 단지 경해서만은 안 된다. 그러나 경과 의는 두 가지 일이 아니다."

권46 「학 4」〈보존과 함양: 지경을 덧붙임〉

【성리대전 71】 원문 79

주자의 말: "경은 여기에서 지켜 바꾸지 않는 것을 말하고, 의는 저기에서 시행하여 마땅함에 합치된 것을 말한다."

권46 「학 4」〈보존과 함양: 지경을 덧붙임〉

【성리대전 72】 원문 80

주자의 말: "경은 고개를 돌려 보려고 하고, 의는 앞을 똑바로 보려고 한다."

권46 「학 4」〈보존과 함양: 지경을 덧붙임〉

【성리대전 73】 원문 81

물음: "경을 지키는 공부에 대해 묻습니다."

주자의 답변: "양심이 발현하는 일이 은미하기 때문에 맹렬하게 반성하고 일깨워, 이 마음이 어둡지 않게 한다면 이는 공부의 본령이다. 그 본령이 섰으면 자연스럽게 하학下學하여 상달上達한다. 양심이 발현한 곳을 살피지 않는다면, 아득하고 흐릿하여

손을 쓸 수 없게 된다."

권46 「학 4」〈보존과 함양: 지경을 덧붙임〉

주자가 하호何鎬에게 답한 편지: "경을 지키는 일에 대한 말들이 매우 좋지만, 말한 것처럼 반드시 천부적 자질이 매우 높은 사람은 수양의 노력을 거쳐 이렇게 되는 것만은 아니다. 안자와 증자보다 자질이 낮은 사람들은 보고 듣고 말하고 움직이는 용모와 말투에서 공부해야만 한다. 사람의 마음은 형체가 없어 드나드는 것이 일정하지 않으므로 반드시 규범과 기준을 가지고 지키고 안정시켜야 안과 밖이 연결된다. 어찌 안에서는 흐트러지고 편벽되고 사특하고 오만한데, 밖에서 용모를 바르게 하고 절도에 신중하겠는가? 흐트러지고 편벽되고 사특하고 오만한 것은 장중하고 정제되고 가지런하고 엄숙한 것과는 상반된다. 정중하고 정제되고 가지런하고 엄숙할 수 있다면, 흐트러지고 편벽되고 사특하고 오만한 것은 결코 허용될 수 없음을 안다. 흐트러지고 편벽되고 사특하고 오만한 것이 없어진 뒤에야 자연스럽게 장중하고 정제되고 가지런하고 엄숙한 경지에 이를 수 있으니, 어떻게 쉽게 이를 수 있겠는가? 이것이 일상생활에서 지극히 단속해야 할 곳이니 또한 많은 말을 할 수가 없다. 한 가지 일로 증명해보자면, 엄숙하게 단정하고 공경하며 조심스럽게 일을 처리할 때 그 마음은 어떠하겠는가? 나태하고 흐트러져 수렴하지 않았

을 때 이 마음은 어떠하겠는가? 이것을 잘 살펴보면 안과 밖은 서로 분리되지 않았고 장중하고 정제되고 가지런하고 엄숙한 것이라고 하는 말이 바로 그 마음을 보존하는 것임을 알 수 있다."

주자의 말: "이 마음을 잡으면 보존되니, 경敬은 마음을 잡는 방도다. 지금 깨어서 그것을 잡았을 때 그 깨어 있는 것을 가리켜 보존하여 그것을 잡는 방도에 다시 힘을 쓰지 않는 것이다. 이는 오직 학설로 세우는 편벽된 것일 뿐만이 아니라 일생생활의 공부에서도 끊임이 있어 두루 하지 않는 것이다. 내가 생각하건대, 이 깨어 있는 곳에서 경敬하여 본심을 잡고, 항상 보존하고 항상 깨어 있도록 한다면, 이것이 곧 『주역』에서 건곤乾坤의 이간易簡이 서로 작용하는 신묘함이다. 깨어 있는 것을 보존하는 것이라고 생각하고 경을 지키는 노력을 하지 않는다면, 하루 사이에 보존하는 순간이 거의 없고, 보존하지 못하는 경우가 8, 9할이 될 것이다."

권46 「학 4」 〈보존과 함양: 지경을 덧붙임〉

【성리대전 75】 원문 83

남헌南軒 장씨張氏(張栻)의 말: "경敬을 지니는 것은 절실한 공부다. 그러나 경으로 마음을 다스리는 것은 옳지 않다. 왜냐하면 하나에 집중하는 일이 경이므로, 경은 이것을 경敬하는 것이다. 경은 여기에 있을 뿐이다. 경을 하나의 사물로 생각하여 하나의 사물로 다스리려 한다면, 무익할 뿐 아니라 오히려 해가 될 뿐이다. 맹자가 말한 반드시 일삼으면서 기약하려는 것으로, 결국 조장하는 병통이 될 뿐이다."

권47 「학 5」〈보존과 함양: 지경·정을 덧붙임〉

【성리대전 76】 원문 8 4

남헌 장씨의 말: "성誠은 자연〔天〕의 도이고, 경敬은 인간사의 근본이다. 경의 도가 이루어지면 성이 천天이 되는 경지에 이른다. 그러나 군자의 배움은 처음부터 끝까지 경이다. 사람이 이 마음을 지녔으니 그 앎은 본래 구비되어 있다. 의意가 혼란해지고 욕심에 빠지게 되면, 혼란스럽고 동요하여 안정을 이루지 못한다. 잠시라도 편안함을 얻지 못해 정리正理가 더욱 가리고 막혀 모든 일이 원칙을 잃는다. 이러할 때의 방도가 있으니 그것은 오로지 경敬 공부를 할 뿐이다! 이천 선생이 '하나에 집중하는 것이 경이다'라고 했고, 또 '다른 것에 마음 쓰지 않는 것을 하나라고 한다'라고 했다. 왜냐하면 여기서 벗어나지 않을 뿐이기 때문이다. 시험 삼아 평소 한가한 날에 다른 데 마음 씀이 없다는 것을 깊이 체인해보면, 거의 말을 초월하여 그 뜻을 알 수 있다. 엄숙하기를 사려하는 듯 하는 것은 경의 도는 아니지만, 이때 경을 체인할 수가 있다. 이에 따라 보존하고 이에 바탕 하여 살피면 모든 사물은 도망갈 수 없다. 그 속에 젖어 지내며 쉬고 사려가 날로 청명하여 그 앎이 가리지 않는다. 그 앎이 가리지 않으면 경의 의미가 끝이 없고, 기능이 날로 새로워진 천지의 마음이 여기에

있다. 배우는 사람이 이를 버리고 공부한다면 성현의 문에 들어가기 어렵다! 나아감에 얕고 깊음이 있는 것은 그 사람에게 달려 있으니, 힘을 쓰는 것에 민첩하고 용기 있는 것과 느리고 조급한 것의 차이일 뿐이다."

권47 「학 5」〈보존과 함양: 지경 · 정을 덧붙임〉

【성리대전 77 】 원문 85

면재 황씨의 말: "경은 텅 비고 신령스러운 지각을 묶는 일이다. 비유하면 햇불은 팽팽할 때 불길이 위로 타오르고, 팽팽함을 잃으면 흩어져 꺼지는 것과 같다."

권47 「학 5」〈보존과 함양: 지경 · 정을 덧붙임〉

【성리대전 78 】 원문 86

면재 황씨의 말: "경을 중심으로 하는 일과 앎을 지극히 하는 일, 두 가지는 서로 날줄과 씨줄이다. 그러나 경을 말하면서도 식견이 있을 수 없는 것은 사려하지 못한 바가 있기 때문이다."

권47 「학 5」〈보존과 함양: 지경 · 정을 덧붙임〉

【성리대전 79 】 원문 87

면재 황씨의 말: "잡아 지키는 방도는 경을 중심으로 하는 것에서 벗어나지 않는다. 이전의 선배들이 항상 깨어있는 법을 말했는데, 이는 경敬을 잡는 마음속 일을 묘사한 것이다. 다시 그 위

에 지엽적인 사안을 만드는 것은 지리支離하여 화통할 수 없다.”

권47 「학 5」〈보존과 함양: 지경·정을 덧붙임〉

물음: “이전의 선배들이 말하는 하나로 집중하여 다른 데 마음 씀이 없다는 것은 이발已發에서의 경이고, 깨어 수렴하는 것은 미발未發에서의 경을 말하는 것입니까?”

면재 황씨의 답변: “반드시 미발과 이발을 구별할 필요는 없다. 자기 마음의 한 순간에서 몇 번이고 이발과 미발이 천만 번 변화하니, 어찌 구별하여 인식하지 않을 수 있겠는가? 이는 마치 하나의 큰 거울과 같아, 저와 같이 밝은 빛이 거울 속에 있다가 사람이 찾아오면 비추면서 그 부여된 형태에 따라 드러나고, 사람이 지나간 뒤에 그 빛의 밝음은 그대로인 것과 같다.”

권47 「학 5」〈보존과 함양: 지경·정을 덧붙임〉

면재 황씨의 말: “경敬은 사람의 본체다. 사람은 오직 생각이 혼란할 때 그 본연의 몸체를 잃는다. 두려워하고 근심하고 경계하는 일이 바로 그것을 원래대로 수습하려는 자세다.”

권47 「학 5」〈보존과 함양: 지경·정을 덧붙임〉

【성리대전 82】 원문 90

면재 황씨의 말: "사람은 음양오행의 기를 품수 받아 생겨났다. 이 기는 각각 그 이理가 있지 않음이 없다. 사람이 이 기를 얻어 본체를 삼으니 또한 이 이理가 갖추어져 성性이 된다. 또 반드시 텅 비고 신령스런 지각이 있어 그 사이에 보존되어 심心이 된다. 사물이 아직 접촉하지 않아 사려가 싹트지 않다가, 텅 비고 신령스런 지각이 느낌을 받았을 때 비로소 통한다. 한 번 고요하고 한 번 느낌을 받을 적에 이理도 고요하고 느낌을 받는다. 텅 비고 신령스런 지각이 항상 숙연하여 혼란하지 않게 하고, 빛나서 어둡지 않게 하면, 고요하여 이理의 본체가 보존되지 않음이 없고 감동하여 이理의 작용이 행하지 않음이 없다. 오직 텅 비고 신령스런 지각은 기氣에 구애받지 않을 수 없고 또 욕심에 움직이지 않을 수 없으니, 기가 어두워지고 욕심이 혼란해져 이理의 본체와 작용 또한 그것에 따라 어두워지고 혼란해진다. 경敬의 학설은 이 때문에 성립되었다.

텅 비고 신령스런 지각은 내가 지니고 있는 것이다. 내가 태만하여 그것을 단속하지 않는다면 기에 의해 어두워지고 욕심에 의해 혼란해진다. 두려워하여 항상 머리 위에 귀신과 부모와 스승이 임한 듯이 하고, 항상 그 아래에 깊은 연못과 얇은 빙판이 있는 듯이 한다면, 텅 비고 신령스런 지각이 저절로 어둡고 혼란스러워지지 않게 된다. 그러므로 선생이 이렇게 말하는 것을 항상 들었다. '경敬이라는 글자에 대한 설명은 오직 두려워하는 말과 가깝다. 실로 두려움으로 증험해보면 어두워지지 않고 혼란스러워지지 않은 뜻을 알 수 있다.' 물었다. '그렇다면 여러 말이 같지 않음은 왜 그러한가?' 답했다. '깨어 있는 것은 어둡지 않은 것을 이르니, 하나에 집중하여 다른 하나가 마음을 요란하지 않게 함을 말한다. 정제엄숙은 밖을 제어하여 마음을 기른다. 이는 모두 경을 체험하는 일이다. 그러나 어두워지지 않고 혼란스러워지지 않는 것은 반드시 먼저 경을 하고 난 뒤에 이와 같이 할 수 있다. 밖을 제어하여 그 마음을 기르는 것은 반드시 이렇게 한 뒤에 경이라 할 수 있으므로 경의 뜻을 체험할 수 있다. 반드시 경을 참으로 보려고 한다면 오직 두려워하는 것에 가깝다. 두려움이 곧 경이니, 경을 할 수 있다면 정제엄숙할 수 있고, 정제엄숙하면 경을 할 수 있으며, 경을 하면 어두워지지 않고 혼란스럽지 않다.' 이것이 주자가 여러 학설을 취하여 경을 밝히지 않을 수 없었던 사안이고, 또 두려워하는 것이 가장 가까운 뜻이 된다."

권47 「학 5」〈보존과 함양: 지경·정을 덧붙임〉

【성리대전 83】 원문 91

북계北溪 진씨陳氏(陳淳)의 말: 정자는 '하나에 집중하는 일은 경이 다른 데 마음 쓰지 않음이 없는 것이 하나'라고 했다. 문공文公은 합하여 '하나에 집중하여 다른 곳에 가지 않는 것을 경'이라 했는데, 더욱 분명하다. 경이라는 한 글자는 이전에 경서에서 말한 곳이 제법 많지만, 단지 게으름을 막는다는 것으로 말했다.

이정二程에 이르러 비로소 이끌어내어 배우는 사람이 공부하는 곳으로 말했으니, 이 도리가 더욱 긴요하고 절실하게 되어 관계되는 것이 가장 크다. 경은 본래 비어 있고 두렵다는 뜻과 비슷하다. 지금 실제로 공부하는 것을 더욱 중요하게 주목했으니 실제적인 것과 마찬가지다."

권47 「학 5」〈보존과 함양: 지경·정을 덧붙임〉

【성리대전 84 】 원문 9 2

북계 진씨의 말: "사람의 마음은 신묘하여 측정할 수 없어, '나가고 들어옴에 정해진 때가 없고, 그 방향을 알 수 없다.' 경은 다른 것이 아니다. 단지 이 마음이 항상 여기에 보존되어 달아나지 않고, 산만하지 않아 항상 이렇게 깨어 있는 것이 바로 경이다."

권47 「학 5」〈보존과 함양: 지경·정을 덧붙임〉

【성리대전 85 】 원문 9 3

북계 진씨의 말: "상채上蔡가 말한 항상 깨어 있다는 뜻은 마음자리에서 공부하는 것이니 말이 또한 매우 친절하다. 마음이 항상 깨어서 자리하고 있어야 하니, 항상 깨어 그대로 살아 있어야 한다. 만약 이렇지 않다면 죽은 것이다. 마음이 여기에 있으면 모든 이치가 그 속에 가득해지니, 옛사람들이 '경敬은 덕이 모인 것'이라고 한 것이 바로 이를 뜻한다."

권47 「학 5」〈보존과 함양: 지경·정을 덧붙임〉

북계 진씨의 말: "정자는 사람이 공부할 때 마음은 특히 이 경이
라는 글자에 주의해야 한다고 했다. 왜냐하면 이 도리는 움직임
과 고요함에 관통하고 겉과 속에 관철되며 시작과 끝에 일관되
어 본래 경계가 없기 때문이다. 고요하여 아무런 일이 없을 때도
경을 하고, 일에 반응하고 사물을 처리할 때도 경을 한다. 마음
이 여기에 있을 때도 이러해야 하고, 밖으로 움직여 일을 할 때
도 이러해야 한다. 처음 일을 할 때도 이러해야 하고 하는 일이
끝에 이르렀을 때도 이러해야 한다. 이 마음은 항상 끊임없이 이
어져야 하니 끊임이 있으면 경을 하지 않은 것이다."

권47 「학 5」〈보존과 함양: 지경·정을 덧붙임〉

서산 진씨의 말: "이천伊川 선생이 하나로 집중하는 것이 경이라
했는데, 사람들이 하나라는 글자의 의미를 이해하지 못한 듯하
다. 또 '다른 곳으로 가는 일이 없는 것이 하나'라고 했다. 적適이
란 간다는 말이다. 이 일에 집중하면 다른 일에 주의가 가지 않
으니, 이것이 다른 곳으로 가는 일이 없는 것이다. 주主란 보존하
여 주재한다는 뜻이다. 이천은 하나로 집중하는 것을 경이라 했
는데, 하나란 성誠을 말한다. 집중하면 뜻이 있다. 배우는 삶은
힘을 써야 하는데 반드시 하나에 집중해야 한다. 집중한다는 것

은 모든 생각에 이를 지켜서 떠나지 않는다는 뜻이다. 함양이 익숙해져 이 마음이 맑아지면 저절로 둘이 없고 잡됨이 없으니, 집중하지 않아도 저절로 하나가 된다. 집중하지 않고 저절로 하나가 되는 것이 성誠이다. 경은 모든 일의 근본이고, 배우는 사람이 힘을 써야 할 요체이므로, 성에 이르면 천도에 도달한다. 이것 또한 성誠과 경敬의 구분이다."

권47 「학 5」 〈보존과 함양: 지경·정을 덧붙임〉

【성리대전 88】 원문 96

서산 진씨의 말: "이른바 하나에 집중한다는 것은 고요할 때 하나가 되고, 움직일 때도 또한 하나로 되는 것이다. 평소에 한가하여 어떤 일을 하지 않을 때 이 마음 또한 하나에 집중하려고 하니, 이것이 고요할 때의 경敬이다. 어떤 일에 대응하고 사물을 접촉하여 해야 할 일이 있을 때 이 마음 또한 하나에 집중하려고 하니, 이것이 움직일 때의 경이다. 고요할 때 경을 실천할 수 있다면 사려가 혼란스럽게 일어나는 근심이 없고, 움직일 때 경을 실천할 수 있다면 행동거지를 번잡스럽게 하는 근심이 없다. 이와 같으면 본심이 항상 보존되어 잃지 않는다. 배움의 요체에서 이보다 먼저인 것은 없다."

권47 「학 5」 〈보존과 함양: 지경·정을 덧붙임〉

서산 진씨의 말: "단정하고 장중하며 고요하고 하나인 것이 바로 보존하고 함양하는 공부다. 단정하고 장엄한 것은 주로 용모로 말했고, 고요하고 하나인 것은 주로 마음으로 말했다. 대개 안과 밖이 서로 바르게 하는 공이기 때문에 그렇게 표현하는데, 합하여 말한다면 경敬일 뿐이다."

권47 「학 5」〈보존과 함양: 지경·정을 덧붙임〉

서산 진씨의 말: "옛날 여러 성인이 서로 전했으니, 경敬이라는 한 글자가 실제로 그 심법心法이다. 세상의 이치는 오직 중中이 지극히 올바르고, 오직 성誠이 지극히 궁극적이다. 그러나 경이 중中할 수 있는 근거이니, 경하지 않으면 중이 없다. 경한 뒤에 성誠할 수 있고, 경하지 않으면 성할 수 있는 것이 없다. 달리는 말에서 기氣가 모이고 흩어지는데 경은 그 고삐다. 정情은 무너지는 둑보다 더 심하게 제멋대로 흐르는데 경은 그 제방이다. 그러므로 주자周子가 주정主靜을 말했고, 정자程子가 주일主一을 말했으니, 모두 사람에게 가장 절실한 공부다. 주자朱子도 이를 반복했으니 배우는 사람은 이에 힘써야 함을 알아야 한다. 따라서 사려가 싹트기 이전에 경계하고 사물을 접촉하고 나서 공경하여 조금의 단절도 없게 하면 덕이 온전하고 욕심이 없어진다."

권47 「학 5」〈보존과 함양: 지경·정을 덧붙임〉

【성리대전 91】 원문 99

노재魯齋 허씨許氏(許衡)의 말: "성인의 마음은 명경지수明鏡止水와 같아 사물이 와도 혼란해지지 않고, 사물이 지나가면 흔적을 남기지 않으니, 공부하는 것이 하나로 집중하는 것이다. 하나로 집중하는 것은 경敬을 지키는 일이다."

권47「학 5」〈보존과 함양: 지경·정을 덧붙임〉

【성리대전 92】 원문 100

임천臨川 오씨吳氏(吳澄)의 말, "인의예지仁義禮智를 하늘에서 얻은 것이 덕德이다. 이 덕은 태어날 초기에는 동일하게 얻었지만, 태어난 후에 혹 잃게 된다. 그 얻은 것을 얻어서 잃지 않을 수 있는 자가 군자다. 덕은 마음에 갖추어져 있기 때문이다. 그 마음을 잃지 않으려고 한다면 어찌 다른 기술이 있겠는가! 경敬으로 그것을 잡을 뿐이다. 옛날에 자로가 군자를 물었을 때 공자는 '경으로 자신을 수양하라'고 답했다. 경은 군자의 덕을 이룰 수 있는 근거다. 요·순·우가 말한 흠欽이 경이다. 탕에게 그것을 전하니 '날로 오르는' 경이 되고, 그것을 문왕에게 전하니 '이어 밝힌' 경이 되었다. 공자가 경으로 자신을 수양하라고 한 것은 요·순·우·탕·문왕으로부터 전해진 것이고 그것을 안회·자사·맹자에게 전한 것이다. 정자程子에 이르러 비로소 경이라는 글자가 성인의 공의 시작과 끝을 아우르게 되었다. 경의 방법은 하나로 집중하여 어디로 가는 것이 없는 것이다. 배우는 사람은 하나로 집중하여 어디로 가는 것이 없다는 말을 듣기는 들어도 능히 할 수가 없다. 또한 마땅히 조심하고 두려워하는 것으로부터 시작해야 한다. 모든 일에서 조심해야 하는 것을 알고, 마땅히 해서는 안 되는 것을 하지 말아야 한다. 모든 생각에서 두려운 것을 알고, 마땅히 하지 말아야 할 것을 감히 하지 않는다. 해서는 안 되는 것과 하지 말아야 한다는 마음을 가득 채우고 나아가고 물러나서, 모든 일에 하나에 집중하여 이것으로 둘을 만들지 않고, 모든 생각에 다른 곳으로 가지 않고 이것에 오로지 있게 하는 것이니, 정자가 말하는 경敬하는 방법은 이와 같은 것에 불과하다. 경하면 마음이 보존되고 마음이 보존되면, 한 번 고요하고 한 번 움직이는 데에 모두 올바름에서 나오니, 하늘로부터 얻은 인의예지를 거의 마음으로 얻어 잃지 않게 될 것이다!"

권47 「학 5」 〈보존과 함양: 지경·정을 덧붙임〉

【성리대전 93】 원문 101

물음: "정좌를 하건 사물에 대응하는 일이건 상관없이 모두 하나로 집중해야 하는 것입니까?"

주자의 답변: "정좌는 좌선坐禪하여 입정入定하는 것처럼 모든 사려를 끊어야 하는 것은 아니고, 단지 이 마음을 수렴하여 게으른 사려가 일어나지 않도록 하는 일이다. 이 마음이 깨끗하여 아무런 일이 없으면 저절로 하나로 집중한다. 일이 생기면 일에 따

라 대응하고 일이 끝나면 다시 맑게 된다. 하나의 일 때문에 두세 가지 일을 야기할 필요는 없다. 이와 같으면 혼잡하게 되어 두서가 없어지니 어떻게 하나로 집중할 수 있겠는가! 옛사람들은 어려서부터 이러한 공부를 했기 때문에 청소할 때도 청소도구를 잡는 예를 다했고, 시詩를 배우고, 음악과 춤을 배우고, 현을 타면서 노래하는 법을 배우는 것은 모두 하나로 집중했다. 또한 활쏘기를 배울 때 마음이 있지 않으면 어떻게 적중할 수 있겠는가? 수레를 모는 것을 배울 때 마음이 없다면 어떻게 그 말을 몰 수 있겠는가? 글씨 쓰는 것과 숫자를 배우는 것도 모두 그러하다. 지금 어릴 때부터 할 줄 몰랐으니 어찌할 수 없지만, 반드시 지금부터라도 해나가야 한다. 만약 이 공부를 하지 않으면 책을 읽고 의리를 보려고 해도 마치 집을 세우는 데 기초가 없는 것과 같고, 또 안정할 수 있는 기둥이 없는 것과 같다. 지금 끊임없이 왕래하는 마음이 도리와 서로 드나들 수 있는가? 성인의 마음과 서로 결합될 수 있는가? 지금 이 마음을 구하는 일이 바로 기초를 세우는 것이니, 이 마음이 빛나게 되면 보존하여 주재하는 곳이 생겨, 그런 뒤에야 배워 어지럽지 않게 귀착점이 있게 된다. 만약 이 마음이 혼잡하고 혼란하면 저절로 두서가 없게 되니, 배우는 데 어디로부터 나아가겠는가? 또 어느 자리가 효과를 거두는 곳인가? 그러므로 정 선생은 반드시 경이라는 글자에서 공부해야 한다고 했으니, 바로 이 때문이다."

권47 「학 5」 〈보존과 함양: 지경·정을 덧붙임〉

경敬이란 무엇인가?

주자의 말: "일상생활에서 실제로 경敬을 유지하는 공부를 하여, 흩어진 마음을 구하여 취한 뒤에 자신의 본성이 원래 착한지 착하지 않은지, 자신이 원래 요순과 같은지 다른지를 알 수 있다. 믿음에 이르면 생각이 자연스럽게 열려 밝아지고 지키는 일도 힘들지 않다."

권47 「학 5」〈보존과 함양: 지경·정을 덧붙임〉

주자의 말: "글에 대해 강의하고 해설했는데도 의미가 깊어지지 않을 때는 본원本原에서 공을 들여야 하는데, 반드시 경을 유지해야만 한다. 경을 유지하는 것은 정靜을 중심으로 한다. 이 뜻은 반드시 공부를 하지 않았을 때도 빈번하게 체찰體察해야 하니, 오래되면 자연스럽게 익숙해진다. 단지 착실하게 스스로 공부하여 다른 일에 간여하지 않는다. 공자가 '인仁을 하는 것은 자기에 달려 있으니, 남에게 달려 있는 것이겠는가?'라고 했으니 이 말이 적당하다. 어떤 병통이 있는지를 다시 보고 이 병통이 있음을 알면 반드시 그 병통을 제거해야 하니, 이것이 치료하는 약이다. 예를 들어 말이 많다고 느끼면 침묵하고, 의미가 소홀하다고 느끼면 세밀하게 한다. 경솔하고 천박하다고 느끼면 반드시 깊이 있고 중후하게 해야만 한다. 장 선생(장재)이 '경솔함

을 고치고 나태함을 경계한다고 했는데 이와 같기 때문이다."

권47 「학 5」〈보존과 함양: 지경·정을 덧붙임〉

【성리대전 96】 원문 104

노재 허씨의 말: "일들을 하나하나 성찰하되 사물에 끌려 흘러가서는 안 되니, 천만 사람 가운데 있지만 항상 그침이 있음을 안다. 이는 경敬을 유지하는 대략이다."

권47 「학 5」〈보존과 함양: 지경·정을 덧붙임〉

【성리대전 97】 원문 105

주자의 말: "배우는 사람의 공부는 오직 경에 자리하고 이理를 궁리하는 것에 있으니, 이 두 가지 일은 서로 발현된다. 이理를 궁리할 수 있으면 경에 자리하는 공부는 날마다 더욱 증진된다. 경에 자리할 수 있으면 이를 궁리하는 공부는 날마다 더욱 치밀해진다. 비유하자면 사람에게 두 다리가 있는 것과 같아, 왼쪽 다리가 걸으면 오른쪽 다리가 멈추고, 오른쪽 다리가 걸으면 왼쪽 다리가 멈추는 것과 같다. 또 하나의 사물이 공중에 걸려 있는 것과 같으니, 오른쪽을 누르면 왼쪽이 올라가고, 왼쪽을 누르면 오른쪽이 올라가는 것과 같다. 때문에 실제로는 하나의 일일 뿐이다."

권48 「학 6」〈앎과 행함: 말과 행동을 덧붙임〉

주자의 말: "사람은 모름지기 공부를 해야 비로소 의심이 있다. 처음 공부할 때는 이 일을 하려는데 또 저 일에 막힌다. 예를 들어 경에 자리하고 이理를 궁리하는 두 가지 일에서 경에 자리하는 것은 잡아 지키는 도리를 수렴하는 일이고 이를 궁리하는 것은 궁극의 도리를 추론하는 일이니, 이 두 가지는 서로 방해가 되는 것처럼 보인다. 그러나 익숙해지면 서로 장애가 되지 않는다."

권48 「학 6」〈앎과 행함: 말과 행동을 덧붙임〉

주자의 말: "경敬을 유지하는 것은 이理를 궁리하는 근본이다. 이를 밝게 궁리하는 것은 또 마음을 기르는 보조다."

권48 「학 6」〈앎과 행함: 말과 행동을 덧붙임〉

주자의 말: "배우는 사람이 이理를 궁구하지 않으면 또 도리를 보지 못한다. 그러나 이를 궁구하면서 경敬을 유지하지 않으면 또 안 된다. 경을 유지하지 않으면 도리를 보고서도 모두 흩어져 여기에 모이지 않는다."

권48 「학 6」〈앎과 행함: 말과 행동을 덧붙임〉

주자의 말: "앎에 이르는 일, 경敬, 자기를 극복하는 일 이 세 가
지는 한 집안으로 비유한다면, 경은 문을 지키는 사람이고, 자
신을 극복하는 일은 도둑을 막는 것이고, 앎에 이르는 일은 자
신과 밖에서 온 일을 미루어 살피는 것이다. 이천은 '함양하는
데 반드시 경을 쓰고, 배움을 증진시키는 것은 앎에 이르는 일에
있다'고 했다. 여기서 자신을 극복하는 일을 말하지 않은 것은
경이 백 가지 사특함을 이기면 저절로 극복되기 때문이다. 이미
성실[誠]하다면 사특함을 막는다는 뜻을 말할 필요가 없는 것
과 같다. 문을 잘 지킨다면 도둑을 막는 것과 동일한 일이니, 따
로 도둑을 막는다고 말할 필요가 없다. 만약 함양을 자신을 극
복하는 일과 짝지어 말한다면 각각 한 가지 일을 만드는 것 또한
가능하다. 함양은 비유하자면 휴식을 취하는 것과 같고, 자신
을 극복하는 일은 약을 복용하여 병을 물리치는 것과 같다. 휴
식을 제대로 취하지 못하면 약을 복용하게 된다. 휴식을 제대로
취했다면 자연스럽게 병이 없으니 어찌 약을 복용할 필요가 있
겠는가? 순전히 경을 할 수 있다면 자연스럽게 사특함과 편벽됨
이 없어지니, 어찌 자신을 극복할 필요가 있겠는가? 사특함과
편벽됨이 있다면 경한 마음이 순전하지 못한 것이니, 단지 경하
기를 요구할 수 있다. 그러므로 경하면 극복해야 할 자기가 없으
니 경의 효과다. 처음 배울 때는 반드시 공부가 모두 이르러야
하니, 그 궁극을 사용하지 않는 것이 없다.

【성리대전 102】 원문 110

물음: "횡거(장재)는 예禮를 우선으로 하여 사람들을 가르쳤는데, 명도明道(程顥)가 배우는 이들에게 경敬으로부터 시작하게 한 것과 어찌하여 다릅니까?"

상채 사씨의 답변: "지식이 있다면 사물의 이理를 궁구할 수 있으니, 경으로 함양하면 저절로 분별이 있게 된다. 용모를 바르게 하고 절도를 지키는 것은 외면적 위의威儀이니 예의 근본이 아니다. 횡거는 예로 가르쳤고 명도는 충신忠信을 우선으로 삼았다."

권51 「학 9」〈사람을 가르치는 일〉

【성리대전 103】 원문 111

주자의 말: "자네들은 허둥지둥 사물을 쫓는 마음이 있는 것만 알고 참된 마음이 있는 것은 모르니, 인식과 사려가 모두 혼미하다. 책 보고 이치를 살피는 일을 모두 대강대강 불분명하게 하고, 눈앞의 쉽게 알 것도 보지 못하니, 모두 이 마음이 복잡하여 전일하지 못한 까닭이다. 때문에 선학들은 초학자에게 반드시 경敬으로 하라고 말해주었으니, '앎에 이르면서 경敬하고 있지 않는 경우란 없다'고 했다. 지금 마음에서 돌이켜 구해야 하는 것을 알지 못하고 흉중이 어지러운 채, 지켜야 하는 것을 알지 못한다. 이처럼 어지러운 마음으로 책을 보고 이치를 살피는 까닭

에, 공부하는 것이 모두 치우친 것을 따르고 있으니, 어떻게 온전한 이치를 알 수 있겠는가? 나는 여러분이 심신을 수렴하여 잡념을 모두 쓸어내고 철저하게 이해하며, 그렇게 해야 비로소 주재할 수 있고 이치를 알 수 있다고 본다. 그렇게 하지 않으면 한해가 다 가도록 성과가 없을 것이다."

권51 「학 9」〈사람을 가르치는 일〉

【성리대전 104】 원문 112

남헌 장씨가 말했다. "이정[程顥, 程頤]이 가르친 것은 거경居敬과 궁리窮理라는 두 가지 일을 벗어나지 않았으니, 그 글을 얻어 반복해 읽으면 알 수 있다. 거경으로 얻은 힘이 있으면 궁구하는 것도 더욱 정밀해진다. 궁리가 차츰 밝아지면 경에 머무는 것도 더욱 토대를 갖추게 된다. 두 가지는 진실로 서로를 발현시키는 일이다."

권51 「학 9」〈사람을 가르치는 일〉

【성리대전 105】 원문 113

물음: "선생님은 '그 도道를 다 발휘하는 것을 효제孝弟라고 한다'고 했습니다. 그런데 한 몸으로 미루어 보면 몸은 부모의 혈기에 의지해서 생겨나는 것입니다. 그 도를 모두 발휘한다는 것은 그몸을 공경할 수 있고, 그 몸을 공경한다는 것은 그 부모를 공경할 수 있는 것입니다. 그 도를 모두 발휘하지 못하면 그 몸을 공

경하지 못하고, 그 몸을 공경하지 못하면 부모를 공경하지 못합니다. 그 말은 이를 말하는 것입니까?"

정자의 답변: "지금 사대부가 군주에게 직무를 받으면 그 직무를 모두 발휘하기를 기대한다. 더구나 부모에게 몸을 받았는데 어찌 그 도를 모두 발휘하지 않을 수 있겠는가?"

권52 「학 1」 〈인간의 도리: 스승과 벗을 덧붙임〉

【성리대전 106】 원문 114

주자의 말: "부모 자식 사이에는 서로 친밀하려 하고 임금과 신하 사이에는 서로 공경하려 하는데, 이것은 이와 같기를 바라서가 아니다. 대개 부모 자식 사이에는 자연스럽게 친밀함이 있고 임금과 신하 사이에는 자연스럽게 공경함이 있다."

권52 「학 1」 〈인간의 도리: 스승과 벗을 덧붙임〉

【성리대전 107】 원문 115

남헌 장씨의 말: "천지天地가 제자리를 잡고 사람이 그 가운데 생겨났다. 거기에서 사람이 되는 까닭으로서의 도道는 부자父子 관계의 친함과 장유長幼 관계의 질서와 부부夫婦 관계의 분별이 있으며, 또 군신君臣 관계의 의리와 친구 관계의 사귐이 있다. 이 다섯 가지는 하늘이 명한 것이지 사람이 할 수 있는 것이 아니다. 이 성性이 있으면 이 도道를 갖추니, 애초에 성인이나 어리석은 사람 때문에 더 보태거나 덜어지지 않는다. 성인은 그 성性을 모

두 발휘하므로 인륜의 지극함이 되고, 보통 사람들은 가려져 뺏기고 빠져서 잃어버림이 있을 뿐이다. 그러나 성인의 가르침이 있기 때문에 그 욕망을 변화시켜 처음의 상태로 되돌릴 수 있다. 순임금은 설契에게 명하여 '공경히 다섯 가지 가르침을 펴되 너그럽게 하도록 하라'고 말했다. 여기에서 '너그럽게 하라'고 말한 것은 그들을 차츰차츰 적셔 들어가 함양하도록 하여 그들이 본래 가지고 있는 것을 스스로 발휘하도록 하라는 말이다. 그리고 구요咎繇에게는 또한 '천天이 차례를 둔 것에 법칙이 있으니 우리 오전五典(五常)을 바로잡아 다섯 가지를 후하게 하시오!'라고 말했다. 여기에서 '바로잡다'고 말한 것은 그 강령을 바로잡는 일이고, '후하게 하라'고 말한 것은 그 성性을 후하게 하라는 뜻이다. 하夏·상商·주周 삼대로 내려와서 상庠·서序라는 학교의 가르침이 더욱 분명해졌다. 그러므로 맹자는 '학學(학교)은 삼대三代가 이름을 함께 했으니 이는 모두 인륜을 밝히는 곳이었다'고 말했다. 여기에서 '밝힌다'고 말한 것은 그것을 강론해 밝혀 그들에게 성性이 그러한 까닭을 알도록 하는 일이다. 그렇다면 사람이 성인이 될 수 있는 근거와 성현이 사람을 가르치는 내용에서 이 다섯 가지를 버리면 무엇으로 할 것인가?"

권52 「학 1」〈인간의 도리: 스승과 벗을 덧붙임〉

【성리대전 108】 원문 116

서산 진씨의 말: "남편의 도리는 몸을 공경스럽게 하여 그 아내

를 이끌어 가는 데 있고, 아내의 도리는 몸을 공경스럽게 하여 그 남편을 받드는 데 있다. 그러므로 부모는 혼례를 할 때 아들에게 반드시 '공경스럽게 하는 것으로 힘써 이끌어라'고 말하고, 딸을 시집보낼 때 반드시 '공경하고 경계하라'고 말한다. 부부간의 도리는 여기에서 모두 발휘된다."

권52 「학 1」 〈인간의 도리: 스승과 벗을 덧붙임〉

노재 허씨의 말: "부모를 섬기는 데 큰 항목은 부모의 몸을 봉양하고 부모의 뜻을 봉양하며 사랑을 다하고 공경을 다하는 일이다. 이 네 가지 가운데 사랑을 다하고 공경을 다하는 것이 더욱 시급하다. 그러므로 효孝는 부모를 사랑하고 부모를 공경하는 두 가지 일일 뿐이다. 천자의 효는 사랑하고 공경하는 마음을 미루어 천하에까지 미치는 것이니, 또한 오직 이 두 가지 일을 세상에 본보기가 될 수 있도록 하여 인심人心을 굳게 결속시키는 일이다. 이를 버리면 술수로 빠지게 되니 그 효험은 성인과 서로 비슷하지 않다. 부모가 생존하실 때 멀리 놀러가지 않는 것은 자식이 혈기를 믿고 어딘들 가지 못하겠는가만 부모가 걱정하는 마음을 깊이 헤아리는 것이니, 부모의 마음으로 내 마음을 삼아야 되는 것이다."

권52 「학 1」 〈인간의 도리: 스승과 벗을 덧붙임〉

【성리대전 110】 원문 118

> 물음: "글을 읽을 때는 고요할 때의 공부가 없다고 생각했는데, 반드시 글을 읽을 때가 있어야 하고 고요하게 비우는 때가 있어야 할 것 같습니다."
>
> 주자의 답변: "내가 예전에 이 선생〔李侗〕을 뵈었는데, 나에게 정좌하라고 가르친 적이 있었다. 나중에 그렇지 않음을 알았으니, 다만 '경敬'이라는 글자가 훌륭한 것이었다. 일이 없을 때는 스스로 지킬 때 경을 하고, 일에 대응할 때는 일에 대응하는 것에서 경을 하며, 글을 읽을 때는 글을 읽는 데 경을 하면, 저절로 움직일 때와 고요할 때를 두루 관통하여 마음이 그 어느 때도 보존되지 않을 때가 없을 것이다."

권53 「학 1」〈글을 읽는 방법 11〉

【성리대전 111】 원문 119

> 주자의 말: "처음 배우는 사람들은 경 공부의 과정에서 끊어짐이 없을 수 없다. 다만 끊어짐을 깨닫자마자 곧바로 마음을 가다듬으면, 깨닫는 곳이 바로 이어진다. 나는 사람들에게 글을 읽는 과정에서 단지 의리를 체인하도록 한다. 낮에만 글을 읽게 되면 이 마음은 제멋대로 돌아다니지 않는다. 혹시라도 마음이 사물에 나아가서 뒤섞이게 되면 이 마음은 쉽게 매몰된다. 이와 같은 점을 알면 글을 읽는데서 의리를 체인하여, 마음을 환기시켜 돌이킬 수 있다."

【성리대전 112】 원문 120

물음: "평소에 글을 읽을 때는 이해한 것 같았는데, 글을 풀이하고 나면 별도로 다른 것이 됩니다. 또 매번 골똘히 생각해도 어지러워져 비록 경 공부를 통해 잡아 지켜도 또한 해이해져서 태만한 것을 벗어나지 못합니다. 원인이 어디에 있는지 모르겠습니다."

주자의 답변: "이는 바로 자신에게서 구하지 않고 오로지 글에서 구하기 때문에 당연히 이와 같은 것이다. 옛사람은 '인仁을 실천하는 것은 나에게 달려 있으니, 남에게 달려있는 것이겠는가?'라고 했다. 무릇 우리 일상생활은 도道 아닌 것이 없으니, 글은 이 마음을 합쳐 모아놓은 것일 뿐이다. 그러므로 반드시 먼저 자신에게서 구한 뒤에 그것을 글에서 구하면 글을 읽는 것이 비로소 맛이 있다."

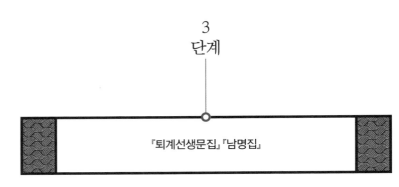

3
단계

『퇴계선생문집』『남명집』

【퇴계선생문집 1】 원문 121

물음: "마음속의 경敬과 존양存養, 정의情意의 성찰省察 그리고 경敬은 무엇을 말한 것입니까?"

퇴계의 답변: "사람이 하늘의 명령을 받을 때, 네 가지 덕의 이치를 갖추어 한 몸의 주재가 되는 것은 마음이고, 사물이 마음에 감촉되어 선과 악의 기미를 따라 한 마음의 쓰임이 되는 것은 정情과 의意다. 그러므로 군자는 이 마음이 움직이지 않을 때 반드시 존양하여 그 본체를 보존하고, 정의를 펼칠 때는 반드시 성찰하여 그 쓰는 것을 바르게 한다. 그러나 이 마음의 이치가 너무나 넓어 잡을 수 없으며 너무나 깊어 측량할 수 없으니, 만약 경을 첫째로 삼지 않으면 어찌 그 성을 보존하고 그 본체를 세울 수 있겠는가! 이 마음의 발하는 것이 미묘하여 가는 털끝을 살피기

경敬이란 무엇인가?

보다 어렵고, 위태하여 구덩이를 밟기보다 어려울 것이니, 진실로 경을 첫째로 삼지 않으면 또 어찌 그 기미를 바르게 하고 쓰임에 통달할 수 있겠는가! 이러므로 군자의 학문은 마땅히 마음을 펼치지 않았을 때는 반드시 경을 중심으로 하여 존양의 공부를 더해야 하고, 마음이 이미 펼쳐졌을 때는 반드시 성찰의 공부를 더해야 할 것이니, 이것이 바로 경학敬學이 처음이 되고 끝이 되며 본체와 쓰임에 관통하는 이유다."

「천명도설」

___

【퇴계선생문집 2】 원문 122

보내온 편지를 보니, "경敬을 위주로 하고 이치를 살피는 공부가 서로 방해되고 마음이 일과 어긋나는데, 이는 미숙하기 때문이다"라고 했으니 아주 좋은 말입니다. 주 선생(주자)이 진안경陳安卿에게 이르기를, "미숙한 때는 이곳에 두어도 온당하지 않고 저곳에 가져다 두어도 옳지 않다. 그렇다고 끝내 그대로 둘 수는 없다. 모름지기 이곳에서 더 노력하여 저 익숙한 데까지 이르게 되면 이쪽에 두어도 옳고 저쪽에 두어도 옳으며, 일곱 번 넘어지고 여덟 번 거꾸러져도 옳지 않음이 없으니, 이른바 '지내는 것이 편안하고 도움 받는 것이 깊어지면 좌우 어디서나 그 근원을 만나게 된다'는 뜻이다. 비유하여 말하면, 과일 가운데 배나 감이 날 것일 때는 시고 떫어서 먹을 수 없지만 익은 뒤에는 자연히 한결같이 달고 맛이 좋아져 처음과는 큰 차이가 있으니, 이는 다만 익고 익지 않은 데 달렸을 뿐이다"라고 했습니다. 또 일러 말하기를, "밭을 가는 데 비유하면 먼저 종자를 뿌리고 난 다음에 김을 매고 물을 끌어댄 뒤에야 곡식이 익는데, 지금 익을 때만 상상하면서 종자도 뿌려두지 않는다면 어찌 익을 도리가 있겠는가?"라고 했습니다. 지금 이 두 가지 비유로 말한다면, 익을 때 가서야만 비로소 서로 방해되는 병폐가 없을 것입니다. 그러나 극기복례克己復禮하고 존심양성存心養性하는 공부를 진정으로 쌓고 노력을 오래하지 못한 채 익기만을 기다린다면, 이는 심지도 않고 김을 매지도 않으면서 밭에서 곡식이 익기를 바라는 것과 무엇이 다르겠습니까?

권29, 「김이정에게 답한 편지」

【퇴계선생문집 3】 원문 123

물음: "경敬은 어떻게 힘쓰는 것입니까?"

주자의 답변: "정자는 일찍이 마음을 모아 흐트러짐이 없게 하는 일이라고 했고, 외모를 단정히 하여 엄숙하게 하는 일이라고도 말했다. 사상채는 언제나 마음이 깨어 있게 하는 법이라고 했고, 윤화정은 마음을 모아 다른 것이 침범하지 못하게 하는 일이라고 했다. 이로 미루어 보면 경敬은 한 마음을 주재하는 것이고 모든 일의 근본이다. 이렇게 힘써 노력해야 할 방법을 알게 될 경우, 소학小學을 경敬에 근거하여 착수하지 않으면 안 됨을 알게 되고, 소학을 경에 근거하여 착수하지 않을 수 없음을 알면 대

학을 경에 근거하여 완성하지 않을 수 없다. 그것이 하나로 꿰뚫어져 있다는 점은 의심할 여지가 없다. 대체로 이 마음이 확립된 뒤에 이것에서 비롯하여 사물의 이치가 끝까지 밝혀지고, 앎이 최상의 경지에 이르게 되어 사물의 이치가 모두 밝혀져, 이른바 덕성을 높이고 학문을 추구할 수 있게 된다. 이로 말미암아 뜻이 정성스럽게 되고 마음이 바르게 되어 그 몸이 수양되면 이것이 이른바 먼저 그 큰 것을 확립하면 작은 것이 벗어나지 않는다는 말이다. 이로 말미암아 집안을 공정하게 이끌고 나라를 다스려 세상을 태평하게 하는 데까지 이르면, 이것이 바로 나를 수양하여 백성을 편안하게 하고 돈독하고 공손하게 만들어 세상이 태평하게 된다는 뜻이다. 이는 모든 사람이 하루도 경에서 떠날 수 없음을 보여준다. 그러므로 '경敬' 한 글자가 어찌 성학聖學을 시작하고 끝내는 요체가 아니겠는가?

퇴계의 평: 경敬이란 아래 위를 통한 것이어서 열심히 공부하여 좋은 결과를 거두어야 하므로, 마땅히 노력하고 이를 놓쳐서는 안 된다.

『성학십도』「대학도」

의관衣冠을 바로 하고 둘러보는 시선을 높이하며 마음 깊이 생각하여 거처하면서 상제上帝를 대해 모시듯 하라. 발짓은 무겁게 하고 손짓은 공손하게 하여 땅을 골라 밟되 개미 둑에서 구비 돌

듯이 하라. 문 밖에 나가면 손님 같이 하고 일을 받들면 제사祭祀를 드리듯 하여 조심조심 두려워하며 감히 잠시도 안이하지 말라. 입을 지키기를 병마개 막듯 하고 잡생각 막기를 성문城門 지키듯 하여 성실하고 진실하여 잠시도 경솔하고 소홀히 하지 말라. 동쪽으로 간다 해놓고 서쪽으로 가지 말며 남쪽으로 간다 해놓고 북쪽으로 가지 말고 일을 맡아 보존하고 다른 데로 가지 말라. 하나에 둘을 겹치지 말고 둘에 셋을 겹치지 말라. 마음은 오직 한결같이 해야 온갖 변화를 살필 수 있다. 이에 일삼으면 이것이 경敬을 지키는 일이니 움직일 때나 고요할 때나 어김없고 밖이나 안이나 서로 바르게 하라. 잠시라도 틈이 나면 온갖 사사로운 욕심이 불길 없이 뜨거워지고 얼음이 없이도 차가워진다. 털끝만큼이라도 틀림이 있으면 하늘과 땅이 뒤바뀌고, 윤리도덕이 무너지고 세상의 기준이 사리진다. 아아! 젊은이들이여! 생각하고 조심하라! 글로 써서 경계 삼아 감히 마음에 알리노라.

「성학십도」 「경재잠도」

【남명집 1】 원문 125

경敬은 성학聖學의 시작이 되고 끝이 되는 것이다. 초학자로부터 성현에 이르기까지 모두 경을 중심으로 하여 도에 나아가는 방편으로 삼는다. 학문을 하면서 경을 중심으로 하는 공부가 부족하면 학문을 하는 것이 거짓이 된다.

「송파자에게 보임」

경敬이란 무엇인가?

속에 마음을 보존하여 혼자 있을 때 삼가는 것은 하늘의 덕이고, 밖으로 살펴 그 행동에 힘쓰는 것은 왕의 도리입니다. 이치를 궁구하고 몸을 닦으며 속에 본심을 보존하고 밖으로 자신의 행동을 살피는 큰 공부는 경을 위주로 해야 합니다. 이른바 경이라는 것은 정제하고 엄숙하여 항상 마음을 깨우쳐 어둡지 않게 하는 것입니다. 한 마음의 주인이 되어 모든 일에 응하는 것은 안을 곧게 밖은 방정하게 하는 일입니다. 공자가 이른바 '경으로 자신을 수양한다'는 말이 이것입니다. 그러므로 경을 주로 하지 않으면 마음을 보존할 수 없고, 마음을 보존하지 못하면 세상 이치를 캐물어 탐구할 수 없으며, 이치를 캐물어 탐구하지 못하면 사물의 변화를 다스릴 수 없습니다.

권2, 「무진봉사」

정자가 말했다. "하나를 중심으로 하는 것을 경敬이라고 하는데, 여기에서 하나는 성실〔誠〕을 말한다. 성실하면 경하지 않음이 없다. 성실하지 못했다면 경을 한 후에 성실하게 된다." 주자가 말했다. "성이라는 글자는 도리의 측면에서는 실제로 있는 이치이고 사람의 입장에서는 실제로 그렇게 하려는 마음이다. 그것을 유지하고 주재하는 것은 오직 경이라는 글자에 달렸다." 장남헌이 말했다. "성은 하늘의 도리이고 경은 인간이 하는 일의 근본이다. 경의 도리를 이루면 성이자 하늘이 된다." 진북계가 말했다. "성실은 자연스럽게 그러한 것이고, 신뢰는 인위적으로 힘쓰는 일이다. 성실은 자연의 이치이고 신뢰는 인간의 마음이다. 성실은 자연의 도리이고 신뢰는 인간의 도리다. 성실은 자연이 인간에게 부여한 명령을 말하고 신뢰는 자연으로부터 부여받은 인간의 본성을 말한다. 성실은 도리를 말하고 신뢰는 덕성을 말한다." 단서에 말했다. "경이 게으름을 이기면 길하고 게으름이 경을 이기면 멸망한다. 의가 욕망을 이기면 순조로워지고 욕망이 의를 이기면 흉해진다."

『학기유편』「학문을 하는 요체」

3장

敬

원문

敬

원문

1단계: 『주역』 『예기』 『논어』 『맹자』 『중용』

[주역 1] 원문 1

直其正也, 方其義也. 君子敬以直內, 義以方外, 敬義立而德不孤. '直方大, 不習無不利', 則不疑其所行也. (「坤卦·文言」)

[예기 1] 원문 2

曲禮曰, 毋不敬, 儼若思, 安定辭. 安民哉. 敖不可長, 欲不可從, 志不可滿, 樂不可極. 賢者狎而敬之, 畏而愛之. 愛而知其惡, 憎而知其善. 積而能散, 安安而能遷. 臨財毋苟得, 臨難毋苟免. 很毋求勝, 分毋求多. 疑事毋質, 直而勿有. (「曲禮」上)

[논어 1] 원문 3

仲弓曰, 居敬而行簡, 以臨其民, 不亦可乎. 居簡而行簡, 無乃大簡乎. (「雍也」)

[논어 2] 원문 4

子路問君子. 子曰, 修己以敬, 曰, 如斯而已乎. 曰, 修己以安人. 曰,如斯而已乎. 曰, 修己以安百姓, 堯舜, 其猶病諸. (「憲問」)

[맹 자 1] 원문 5

責難於君, 謂之恭. 陳善閉邪, 謂之敬. (「離婁」上)

[맹 자 2] 원문 6

敬人者, 人恒敬之. (「離婁」下)

[맹 자 3] 원문 7

恭敬者, 幣之未將者也. (「盡心」上)

[중 용 1] 원문 8

唯天下至聖, 爲能聰明叡智, 足以有臨也. 寬裕溫柔, 足以有容也.
發強剛毅, 足以有執也. 齋莊中正, 足以有敬也. 文理密察, 足以
有別也. (31章)

2단계: 『성리대전』

[성 리 대 전 1] 원문 9

質之美者, 一明卽盡, 渣滓渾化, 斯與天地同體矣. 莊敬持養, 抑
其次也. 及其至則一也. (卷43「學」1〈總論爲學之方〉)

[성리대전 2] 원문10

變化氣質, 孟子曰, 居移氣, 養移體. 況居天下之廣居者乎. 居仁由
義, 自然心和而體正. 更要約時, 但拂去舊日所爲, 使動作皆中禮,
則氣質自然全好. 禮曰, 心廣體胖. 心旣弘廣, 則自然舒泰而樂也.
若心但能弘廣, 不謹敬則不立. 若但能謹敬, 而心不弘廣, 則入于
隘. 須寬而敬. 大抵有諸中者必形諸外. 故君子心和則氣和, 心正則
氣正. 其始也固亦須矜持. 古之爲冠者以重其首, 爲履者以重其足.
至於盤盂几杖爲銘, 皆所以愼戒之. (卷43「學」1〈總論爲學之方〉)

[성리대전 3] 원문11

學問緊要是見處要得透徹. 然不自主敬致知上著功夫, 亦無入頭
處也. (卷43「學」1〈總論爲學之方〉)

[성리대전 4] 원문12

持敬讀書, 表裏用力, 切須實下功夫, 不可徒爲虛說. 然表裏亦非
二事, 但不可取此而舍彼耳. 其實互相爲用, 只是一事. (卷43「學」1
〈總論爲學之方〉)

[성리대전 5] 원문13

人須做功夫方有疑. 初做時定是觸著相礙, 沒理會處. 只如居敬
窮理, 始初定分作兩段. 居敬則執持在此, 纔動則便忘了. 問, 始
學必如此否. 曰, 固然. 要知居敬在此, 動時理便自窮. 只是此話,

功夫未到時難說. 又曰, 但能無事時存養敎到, 動時也會求理.
(卷43「學」1〈總論爲學之方〉)

[성리대전 6] 원문14

學者須是培養. 今不做培養工夫, 如何窮得理? 程子言, '動容貌,
整思慮, 則自生敬. 敬只是主一也. 存此則自然天理明'. 又曰, '整
齊嚴肅則心便一. 一則自是無非僻之干. 此意但涵養久之, 則天理
自然明'. 今不曾做得此工夫, 胷中膠擾駁雜, 如何窮得理? 一如他
人不讀書, 是不肯去窮理. 今要窮理, 又無持敬工夫. (卷44「學」2
〈總論爲學之方〉)

[성리대전 7] 원문15

主敬者, 存心之要. 而致知者, 進學之功. 二者交相發焉, 則知日
益明, 守日益固, 而舊習之非, 自將日改月化於冥冥之中矣. (卷44
「學」2〈總論爲學之方〉)

[성리대전 8] 원문16

書有合講處, 有不必講處. 如主一處, 定是如此了, 不用講, 只是便
去下工夫, 不要放肆, 不要戲慢, 整齊嚴肅, 便是主一, 便是敬. 聖
賢說話, 多方百面, 須是如此說. 但是我怎地說他箇無形無狀, 去
何處證驗, 只去切己理會, 此等事久自會得. (卷44「學」2〈總論爲
學之方〉)

爲學之道, 莫先於窮理. 窮理之要, 必在於讀書. 讀書之法, 莫貴
於循序而致精. 而致精之本, 則又在於居敬而持志, 此不易之理
也. 夫天下之事, 莫不有理. 爲君臣者有君臣之理. 爲父子者有父
子之理. 爲夫婦, 爲兄弟, 爲朋友, 以至於出入起居, 應事接物之
際, 亦莫不各有理焉. 有以窮之, 則自君臣之大, 以至事物之微,
莫不知其所以然, 與其所當然, 而無纖芥之疑, 善則從之, 惡則去
之, 而無毫髮之累. 此爲學所以莫先於窮理也. …… 若夫致精之
本, 則在於心, 而心之爲物, 至虛至靈, 神妙不測. 常爲一身之主,
以提萬事之綱, 而不可有頃刻之不存者也. 一不自覺, 而馳騖飛
揚, 以徇物欲於軀殼之外, 則一身無主, 萬事無綱. 雖其俯仰顧盼
之間, 蓋已不自覺其身之所在, 而況能反覆聖言, 參考事物, 以求
義理至當之歸乎? 孔子所謂'君子不重則不威, 學則不固'. 孟子所
謂'學問之道無他, 求其放心而已矣者', 正謂此也. 誠能嚴恭寅畏,
常存此心, 使其終日儼然, 不爲物欲之所侵亂. 則以之讀書, 以之
觀理, 將無所往而不通. 以之應事, 以之接物, 將無所處而不當
矣. 此居敬持志, 所以爲讀書之本也. (卷44「學」2〈總論爲學之方〉)

問, 理有未窮, 且只持敬否? 曰, 不消恁地說. 持敬便只管持將去.
窮理便只管窮將去. 如說前面萬一有持不得, 窮不得處, 又去別生
計較, 這箇都是枉了思量. 然亦只是不曾眞箇持敬窮理. 若是眞箇

曾持敬窮理, 豈有此說. 譬如出路, 要乘轎便乘轎, 要乘馬便乘馬, 要行便行, 都不消思量前面去不得時又著如何. 但當勇猛堅決向前, 那裏要似公說居敬不得處又著如何. 窮理不得處又著如何. 古人所謂心堅石穿, 蓋未嘗有箇不得底事. (卷44「學」2〈總論爲學之方〉)

[성리대전 11] 원문19

讀書固不可廢, 然亦須以主敬立志爲先, 方可就此田地上推尋義理, 見諸行事. 若平居泛然略無存養之功, 又無實踐之志, 而但欲曉解文義, 說得分明, 則雖盡通諸經, 不錯一字, 亦何所益. (卷44「學」2〈總論爲學之方〉)

[성리대전 12] 원문20

學者須虛心涵泳, 未要生說. 却且就日用間實下持敬工夫, 求取放心. 然後却看自家本性元是善與不善, 自家與堯舜元是同與不同. 若信得及, 意思自然開明, 持守亦不費力矣. (卷44「學」2〈總論爲學之方〉)

[성리대전 13] 원문21

問, 致知以明之, 持敬以養之, 此學之要也. 不致知則難於持敬, 不持敬亦無以致知. 曰, 二者交相爲用固如此. 然亦當各致其力, 不可恃此而責彼也. (卷44「學」2〈總論爲學之方〉)

爲學之道, 須先存得這箇道理, 方可講究. 若居處必恭, 執事必
敬, 與人必忠, 要如顏子直須就視聽言動上警戒到復禮處. 仲弓
出門如見大賓, 使民如承大祭, 是無時而不主敬. 如今亦不須較
量顏子仲弓如何會如此? 只將他那事, 就自家切己處, 便做他底
工夫, 然後有益. 又曰, 爲學之道, 如人耕種一般. 先須辦了一片
地在這裏了, 方可在上耕種. 今却就別人地上鋪排許多種作底物
色, 這田地元不是我底. 又如人作商, 亦須先安排許多財本, 方可
運動. 若財本不贍, 則運動未得. 到論道處, 如說水, 只說是冷, 不
能以不熱字說得. 如說湯, 只說是熱, 不能以不冷字說得. 又如飲
食, 喫著酸底, 便知是酸底. 喫著鹹底, 便知是鹹底. 始得. (卷44
「學」2〈總論爲學之方〉)

涵養致知力行三者, 便是以涵養做頭, 致知次之, 力行次之. 不涵
養則無主宰. 如做事須用人, 纔放下或困睡, 這事便無人做主, 都
由別人, 不由自家. 旣涵養又須致知, 旣致知又須力行. 若致知而
不力行, 與不知同. 亦須一時並了, 非謂今日涵養, 明日致知, 後日
力行也. 要當皆以敬爲本. 敬却不是將來做一箇事, 今人多先安一
箇敬字在這裏, 如何做得? 敬只是提起這心, 莫教放散, 恁地則
心便自明. 這裏便窮理格物, 見得當如此便是, 不當如此便不是,
旣見了, 便行將去. (卷45「學」3〈總論爲學之方〉)

問, 持敬, 豈不欲純一於敬? 然自有不敬之念, 固欲與己相反, 愈制則愈甚. 或謂只自持敬, 雖念慮妄發, 莫管他, 久將自定, 還如此得否? 曰, 要之, 邪正本不對立. 但恐自家胸中無箇主, 若有主, 邪自不能入. 又問, 不敬之念, 非出於本心. 如忿慾之萌, 學者固當自克, 雖聖賢亦無如之何. 至於思慮妄發, 欲制之而不能. 曰, 纔覺恁地, 自家便挈起了. 但莫先去防他, 然此只是自家見理不透, 做主不定, 所以如此. (卷45「學」3〈總論爲學之方〉)

致知持敬兩事相發. 人心如火遇木卽焚, 遇事卽應. 惟於世間利害得喪及一切好樂, 見得分明, 則此心亦自然不爲之動, 而所謂持守者始易爲力. 若利欲爲此心之主, 則雖是強加控制, 此心隨所動而發, 恐亦不易遏也. 便使強制得下, 病根不除, 如以石壓草, 石去而草復生矣. 此不可不察也. (卷45「學」3〈總論爲學之方〉)

程子云, 涵養須用敬, 進學則在致知. 蓋窮理以此心爲主. 必須以敬自持, 使心有主宰, 無私意邪念之紛擾, 然後有以爲窮理之基本. 心旣有所主宰矣, 又須事事物物各窮其理, 然後致盡心之功. 欲窮理, 而不知持敬以養心, 則私慮紛紜, 精神昏亂, 於義理必無所得. 知持敬以養心矣, 而不知窮理, 則此心雖淸明虛靜, 又只箇

空蕩蕩底物事, 而無許多義理以爲之主, 其於應事接物必不能皆
當. 故必以敬涵養, 而又講學審問愼思明辨以致其知, 則於淸明虛
靜之中, 而衆理悉備. 其靜則湛然寂然而爲未發之中, 其動則泛應
曲當而爲中節之和. 天下義理, 學者工夫, 無以加於此. (卷45「學」
3〈總論爲學之方〉)

[성리대전 19] 원문27

誠之爲道, 無所不體. 自學者言之, 敬所以存心也, 敬立則內直.
義所以制事也, 義形則外方. 二者皆學者切己之事. 苟非有誠意以
爲之, 則敬非眞敬, 而其爲敬也必踈畧. 義非實義, 而其爲義也必
駁雜. 所謂不誠無物也. (卷45「學」3〈總論爲學之方〉)

[성리대전 20] 원문28

問, 每常遇事, 即能知操存之意. 無事時如何存養得熟? 曰, 古之
人耳之於樂, 目之於禮, 左右起居盤盂几杖有銘有戒, 動息皆有
所養. 今皆廢此, 獨有理義之養心耳. 但存此涵養意, 久則自熟矣.
敬以直內, 是涵養意. 言不莊不敬, 則鄙詐之心生矣. 貌不莊不敬,
則怠慢之心生矣. (卷46「學」4〈存養持敬附〉)

[성리대전 21] 원문29

須敬守此心, 不可急迫, 當栽培深厚. 栽只如種得一物在此, 但涵
養持守之功, 繼繼不已, 是謂栽培深厚. 如此而優游涵泳於其間,

則浹洽而有以自得矣. 苟急迫求之, 則此心已自躁迫紛亂, 只是
私己而已. 終不能優游涵泳以達於道. (卷46「學」4〈存養 持敬附〉)

[성리대전 22] 원문30

問, 心如何得在腔子裏? 曰, 敬便在腔子裏. 又問, 如何得會敬?
曰, 只管恁地尜做甚麼? 纔說到敬, 便是更無可說. (卷46「學」4〈存
養 持敬附〉)

[성리대전 23] 원문31

以敬爲主, 則內外肅然, 不忘不助而心自存. 不知以敬爲主而欲存
心, 則不免將一箇心把捉一箇心, 外面未有一事時, 裏面已是三頭
兩緒, 不勝其擾擾矣. 就使實能把捉得住, 只此已是大病, 況未必
眞能把捉得住乎? (卷46「學」4〈存養 持敬附〉)

[성리대전 24] 원문32

學者日用之間, 以敬爲主. 不論感與未感, 平日常是如此涵養, 則
善端之發, 自然明著. 少有間斷, 而察識存養, 擴而充之, 皆不難乎
爲力矣. (卷46「學」4〈存養 持敬附〉)

[성리대전 25] 원문33

涵養須用敬, 進學則在致知. 無事時且存養在這裏, 提撕警覺, 不
要放肆. 到講習應接時, 便當思量義理. (卷46「學」4〈存養 持敬附〉)

[성리대전 26] 원문 34

問, 涵養須用敬, 涵養甚難, 心中一起一滅, 如何得主一? 曰, 人心
如何教他不思? 如周公思兼三王以施四事, 豈是無思? 但不出於私
則可. 問, 某多被思慮紛擾, 思這一事, 又牽走那事去. 雖知得, 亦自
難止. 曰, 旣知得不是, 便當絶斷了. (卷46「學」4〈存養 持敬附〉)

[성리대전 27] 원문 35

涵養此心須用敬, 譬之養赤子, 方血氣未壯實之時, 且須時其起
居飮食, 養之於屋室之中而謹顧守之, 則有向成之期. 纔方乳保,
却每日暴露於風日之中, 傀然不顧, 豈不致疾而害其生耶? (卷46
「學」4〈存養 持敬附〉)

[성리대전 28] 원문 36

問, 伊川謂敬是涵養一事, 敬不足以盡涵養否? 曰, 五色養其目, 聲
音養其耳, 義理養其心, 皆是養也. (卷46「學」4〈存養 持敬附〉)

[성리대전 29] 원문 37

答張敬夫書曰, 來喻所謂學者先須察識端倪之發, 然後可加存養
之功, 則熹於此不能無疑. 蓋發處固當察識, 但人自有未發時, 此
處便合存養. 豈可必待於發而後察, 察而後存耶? 且從初不曾存
養, 便欲隨事察識, 竊恐浩浩茫茫無下手處, 而毫釐之差, 千里之
謬, 將有不可勝言者. 此程子所以每言孟子才高, 學之無可依據,

人須是學顏子之學, 則入聖人爲近, 有用力處, 其微意亦可見矣. 且如洒掃應對進退, 此存養之事也. 不知學者將先於此而後察之耶, 抑將先察識而後存養也. 以此觀之, 則用力之先後, 判然可覩矣. 來敎又謂言靜則溺於虛無, 此固所當深慮. 若以天理觀之, 則動之不能無靜, 猶靜之不能無動也. 靜之不能無養, 猶動之不可不察也. 但見得一動一靜互爲其根, 敬義夾持不容間斷之意, 則雖下靜字, 元非死物. 至靜之中, 蓋有動之端焉. 是乃所以見天地之心者, 而先王之所以至日閉關. 蓋當此之時, 則安靜以養乎此爾. 固非遠事絶物, 閉目兀坐, 而偏於靜之謂. 但未接物時, 便有敬以主乎其中, 則事至物來, 善端昭著, 而所以察之者益精明爾. 伊川先生所謂却於已發之際觀之者, 正謂未發則只有存養, 而已發則方有可觀也. 周子之言主靜, 乃就中正仁義而言. 以正對中, 則中爲重. 以義配仁, 則仁爲本爾. 非四者之外, 別有主靜一段事也. 來敎又謂熹言以靜爲本, 不若遂言以敬爲本, 此固然也. 然敬字工夫, 通貫動靜而必以靜爲本. 故熹向來輒有是語. 今若易爲敬, 雖若完全, 然却不見敬之所施有先有後, 則亦未得爲諦當也. 至如來敎所謂要須動以見靜之所存, 靜以涵動之所本, 動靜相須, 體用不離, 而後爲無滲漏也. 此數句卓然意語俱到, 謹以書之座右, 出入觀省. (卷46「學」4〈存養 持敬附〉)

程子曰, 君子之遇事無巨細, 一於敬而已. 簡細故以自崇, 非敬也,

飾私智以爲奇, 非敬也. 要知無敢慢而已. 語曰, ‘居處恭, 執事敬,
雖之夷狄不可棄也.’ 然則執事敬者, 固爲人之端也. 推是心而成
之, 則篤恭而天下平矣. (卷46「學」4〈存養 持敬附〉)

[성리대전 31] 원문39

入道莫如敬. 未有能致知而不在敬者. 今人操心不定, 視心如寇
賊而不可制, 不是事累心, 乃是心累事. 當知天下無一物是合少
得者, 不可惡也. (卷46「學」4〈存養 持敬附〉)

[성리대전 32] 원문40

學者先務, 固在心志. 有謂欲屛去聞見知思, 則是絶聖棄智. 有欲
屛去思慮, 患其紛亂, 則是須坐禪入定. 如明鑑在此, 萬物畢照,
是鑑之常, 難爲使之不照. 人心不能不交感萬物, 亦難爲之不思
慮. 若欲免此, 惟是心有主. 如何爲主? 敬而已矣. 有主則虛, 虛謂
邪不能入. 無主則實, 實謂物來奪之. 今夫甁罌有水實內, 則雖江
海之浸無所能入, 安得不虛? 無水於內, 則停注之水不可勝注,
安得不實? 大凡人心不可二用. 用於一事, 則他事更不能入者, 事
爲之主也. 事爲之主, 尙無思慮紛擾之患. 若主於敬, 又焉有此患
乎? 所謂敬者, 主一之謂敬. 所謂一者, 無適之謂一. 且欲涵泳主一
之義, 一則無二三矣. 言敬, 無如聖人之言. 易所謂敬以直內, 義以
方外. 須是直內, 乃是主一之義. 至於不敢欺, 不敢慢, 尙不愧于屋
漏, 皆是敬之事也. (卷46「學」4〈存養 持敬附〉)

[성리대전 3 3] 원문 4 1

動容貌, 整思慮, 則自然生敬. 敬, 只是主一也. 主一, 則旣不之東,
又不之西. 如此, 則只是中. 旣不之此, 又不之彼. 如此, 則只是內.
存此則自然天理明. 學者須是將敬以直內, 涵養此意. 直內是本.
(卷46「學」4〈存養 持敬附〉)

[성리대전 3 4] 원문 4 2

上蔡謝氏曰, 敬是常惺惺法. 心齊是事事放下. 其理不同. (卷46
「學」4〈存養 持敬附〉)

[성리대전 3 5] 원문 4 3

問, 敬之貌如何? 曰, 於儼若思時可見. 問, 學爲敬, 不免有矜持如
何? 曰, 矜持過當却不是. 尋常作事用心過當便有失. 要在勿忘勿
助長之間耳. (卷46「學」4〈存養 持敬附〉)

[성리대전 3 6] 원문 4 4

問, 敬愼有異否? 曰, 執輕如不克, 執虛如執盈, 愼之至也. 敬則愼
在其中矣. 敬則外物不能易. 學者須去却不合做底事, 則於敬有功.
敬換不得. 方其敬也, 甚物事換得? 因指所坐亭子曰, 這箇亭子須
只喚做白岡院亭子, 却著甚底換得? 曰, 學者未能便窮理, 莫須先
省事否? 曰, 非事上做不得工夫, 也須就事上做工夫. 如或人說動
中有靜, 靜中有動, 有此理. 然靜而動者多, 動而靜者少, 故多著靜

경敬이란 무엇인가?

不妨. 人雖是卓立中塗, 不得執一邊. (卷46「學」4〈存養 持敬附〉)

[성리대전 37] 원문45

和靖尹氏曰, 某初見伊川時, 教某看敬字. 某請益, 伊川曰, 主一則是敬. 當時雖領此語, 然不若近時看得更親切. 祁寬問如何是主一? 曰, 敬有甚形影? 只收斂身心, 便是主一. 且如人到神祠中致敬時, 其心收斂, 更著不得毫髮事, 非主一而何? (卷46「學」4〈存養 持敬附〉)

[성리대전 38] 원문46

堯是初頭出治第一箇聖人, 尙書堯典是第一篇典籍, 說堯之德, 都未下別字, 欽是第一箇字. 如今看聖賢千言萬語大事小事, 莫不本於敬. 收拾得自家精神在此, 方見得道理盡. 看道理不盡, 只是不曾專一. 或云, 主一之謂敬, 敬莫只是主一? 曰, 主一又是敬字注解. 要知事無小無大, 常令自家精神思慮盡在此. 遇事時如此, 無事時也如此. (卷46「學」4〈存養 持敬附〉)

[성리대전 39] 원문47

敬則萬理具在. (卷46「學」4〈存養 持敬附〉)

[성리대전 40] 원문48

敬不是萬慮休置之謂, 只要隨事專一謹畏不放逸耳. 非專是閉目

靜坐, 耳無聞目無見, 不接事物然後爲敬. 整齊收斂這身心不敢
放縱便是敬. 嘗謂敬字似甚字, 恰似箇畏字相似. (卷46「學」4〈存
養 持敬附〉)

[성리대전 41] 원문49

敬只是收斂來, 程夫子亦說敬. 孔子說, 行篤敬, 敬以直內, 義以方
外. 聖賢亦是如此, 只是工夫淺深不同. 聖賢說得好. 人生而靜, 天
之性也. 感物而動, 性之欲也. 物至知知, 然後好惡形焉. 好惡無節
於內, 知誘於外, 不能反躬, 天理滅矣. (卷46「學」4〈存養 持敬附〉)

[성리대전 42] 원문50

問, 敬者德之聚. 曰, 敬則德聚, 不敬則都散了. (卷46「學」4〈存養
持敬附〉)

[성리대전 43] 원문51

只敬則心便一. (卷46「學」4〈存養 持敬附〉)

[성리대전 44] 원문52

敬只是此心自做主宰處. (卷46「學」4〈存養 持敬附〉)

[성리대전 45] 원문53

敬是箇扶策人底物事. 人當放肆怠惰時, 纔敬便扶策得此心起. 常

常會恁地雖有些放僻邪侈意思, 也退聽. (卷46「學」4〈存養 持敬附〉)

[성리대전 46] 원문54

敬不是只恁坐地, 擧足動步, 常要此心在這裏. (卷46「學」4〈存養
持敬附〉)

[성리대전 47] 원문55

持敬之說, 不必多言. 但熟味整齊嚴肅, 嚴威儼恪, 動容貌, 整思慮,
正衣冠尊瞻視此等數語, 而實加工焉, 則所謂直內, 所謂主一, 自然
不費安排, 而身心肅然表裏如一矣. (卷46「學」4〈存養 持敬附〉)

[성리대전 48] 원문56

問, 敬何以用工. 曰, 只是內無妄思, 外無妄動. (卷46「學」4〈存養
持敬附〉)

[성리대전 49] 원문57

問, 二程專教人持敬. 持敬在主一. 熟思之, 若能每事加敬, 則起
居語嘿在規矩之內, 久久精熟, 有從心所欲不踰矩之理. 顔子請
事四者, 亦只是持敬否? 曰, 學莫要於持敬. 故伊川謂敬則無己可
克, 省多少事. 然此事甚大, 亦甚難, 須是造次顚沛必於是, 不可
須臾間斷, 如此方有功, 所謂敏則有功. 若還今日作, 明日輟, 放下
了又拾起, 幾時得見效? 修身齊家治國平天下, 都少箇敬不得. 如

湯之聖敬日躋, 文王小心翼翼之類皆是. 只是他便與敬爲一. 自家
須用持著. 稍緩則忘了, 所以常要惺惺地. 久之成熟, 可知道從心
所欲不踰矩. 顏子止是持敬. (卷46「學」4〈存養 持敬附〉)

[성리대전 50] 원문58

問, 敬之一字, 初看似有兩體. 一是主一無適, 心體常存, 無所走作
之意. 一是遇事小心謹畏, 不敢慢易之意. 近看得遇事小心謹畏,
是心心念念常在這一事上, 無多岐之惑, 便有心廣體胖之氣象. 此
非主一無適而何? 動而無二三之雜者, 主此一也. 靜而無邪妄之
念者, 亦主此一也. 主一盖兼動靜而言. 靜而無事, 惟主於往來出
入之息耳. 未審然否? 曰, 謂主一兼動靜而言是也. 出入之息, 此
句不可曉. (卷46「學」4〈存養 持敬附〉)

[성리대전 51] 원문59

問, 主一. 曰, 做這一事, 且做一事. 做了這一事, 却做那一事. 今人
做這一事未了, 又要做那一事, 心下千頭萬緒. (卷46「學」4〈存養 持
敬附〉)

[성리대전 52] 원문60

問, 主一如何用工? 曰, "不當恁地問. 主一只是主一. 不必更於主
一上問道理. 如人喫飯, 喫了便飽. 却問人如何是喫飯. 先賢說得
甚分明, 也只得恁地說. 在人自體認取, 主一只是專一. (卷46「學」4

경敬이란 무엇인가?

〈存養 持敬附〉

[성리대전 53] 원문61

或謂, 主一不是主一事. 如一日萬機, 須要並應. 曰, 一日萬機, 也
無並應底道理, 須還他逐一件理會. 但只是聰明底人却見得快.
(卷46「學」4〈存養 持敬附〉)

[성리대전 54] 원문62

問, 閑邪則固一矣. 主一則更不消言閑邪. 曰, 只是覺見邪在這裏
要去閑他, 則這心便一了. 所以說道閑邪則固一矣. 旣一則邪便自
不能入, 更不消說又去閑邪. 恰如知得外面有賊, 今夜須用防他,
則便惺了. 旣惺了, 不須更說防賊. (卷46「學」4〈存養 持敬附〉)

[성리대전 55] 원문63

或問, 閑邪主一如何? 曰, 主一似持其志, 閑邪似無暴其氣. 閑邪
只是要邪氣不得入, 主一則守之於內, 二者不可有偏, 此內外交相
養之道也. (卷46「學」4〈存養 持敬附〉)

[성리대전 56] 원문64

問, 伊川云主一之謂敬, 無適之謂一. 又曰, 人心常要活, 則周流無
窮而不滯於一隅. 或者疑主一則滯, 滯則不能周流無窮矣. 切謂主
一, 則此心便存. 心存則物來順應, 何有乎滯? 曰, 固是. 然所謂主

一者, 何嘗滯於一事? 不主一, 則方理會此事而心留於彼, 這却是滯於一隅. 又問, 以大綱言之, 有一人焉, 方應此事未畢, 而復有一事至, 則當如何? 曰, 也須是做一件了, 又理會一件. 亦無雜然而應之理. 但甚不得已則權其輕重可也. (卷46「學」4〈存養 持敬附〉)

[성리대전 57] 원문65

人有躁妄之病者, 殆居敬之功有所未至. 故心不能宰物, 氣有以動志而致然耳. 若使主一不二, 臨事接物之際, 眞心現前, 卓然而不可亂, 則又安有此患哉? 或謂子程子曰, 心術最難執持, 如何而可? 程子曰, 敬. 又嘗曰, 操約者, 敬而已矣. 惟其敬足以直內, 故其義有以方外. 義集而氣得所養, 則夫喜怒哀樂之發, 其不中節者寡矣. 孟子論養吾浩然之氣以爲集義所生, 而繼之曰, 必有事焉而勿正, 心勿忘, 勿助長也. 盖又以居敬爲集義之本也. 夫必有事焉者, 敬之謂也. 若曰其心儼然常若有所事云爾. 夫其心儼然肅然常若有所事, 則雖事物紛至而沓來, 豈足以亂吾之知思? 而宜不宜可不可之幾已判然於胸中矣. 如此, 則此心晏然有以應萬物之變, 而何躁妄之有哉? (卷46「學」4〈存養 持敬附〉)

[성리대전 58] 원문66

問, 下手工夫. 曰, 只是要收斂此心莫要走作. 若看見外面風吹草動去看覷他, 那得許多心去應他? 便也是不收斂. 問, 莫是主一之謂敬? 曰, 主一是敬表德, 只是要收斂. 處宗廟只是敬, 處朝廷只

경敬이란 무엇인가?

是嚴. 處閨門只是和. 便是持敬. (卷46「學」4〈存養 持敬附〉)

[성리대전 59] 원문 67
問, 靜時多爲思慮紛擾. 曰, 此只爲不主一, 人心皆有此病. 不如且
將讀書程課繫縛此心, 逐旋行去, 到節目處, 自見功效淺深. 大凡
理只在人身中, 不在外面. 只爲人役役於不可必之利名, 故本原固
有者日加矇蔽, 豈不可惜? (卷46「學」4〈存養 持敬附〉)

[성리대전 60] 원문 68
問, 程子以敬教人, 自言主一之謂敬, 不之東又不之西, 不之此又不
之彼, 如此則何時而不存? 故近日又稍體究禮樂不可斯須去身之
說. 盖禮則嚴謹, 樂則和樂. 兩者相須而后能. 故明道先生旣以敬
教人, 又自謂於外事思慮儘悠悠. 又曰, 旣得後, 便須放開. 不然却
只是守. 故謝子因之爲展托之論. 又恐初學勢雖把持, 未敢便習展
托, 於斯二者, 孰從孰違? 曰, 二先生所論敬字, 須該貫動靜看方
得. 夫方其無事而存主不懈者, 固敬也. 及其應物而酬酢不亂者,
亦敬也. 故曰, 毋不敬, 儼若思. 又曰, 事思敬, 執事敬, 豈必以攝心
坐禪而謂之敬哉? 禮樂固必相須. 然所謂樂者亦不過謂胷中無事
而自和樂耳, 非是著意放開一路而欲其和樂也. 然欲胸中無事, 非
敬不能. 故程子曰, 敬則自然和樂, 而周子亦以爲禮先而樂後, 此
可見也. 旣得後須放開, 不然却只是守者, 此言旣自得之後, 則自然
心與理會, 不爲禮法所拘, 而自中節也. 若未能如此, 則是未有所

自得, 纔方是守禮法之人爾. (卷46「學」4〈存養持敬附〉)

[성리대전 61] 원문69

問, 和靖論敬以整齊嚴肅, 然專主於內. 上蔡專於事上作工夫, 故云敬是常惺惺法之類. 曰, 謝尹二說難分內外, 皆是自己心地工夫. 事上豈可不整齊嚴肅, 靜處豈可不常惺惺乎? (卷46「學」4〈存養持敬附〉)

[성리대전 62] 원문70

近世學者之病, 只是合下欠却持敬工夫, 所以事事滅裂. 其言敬者又只說能存此心, 自然中理. 至於容貌詞氣, 往往全不加工, 又況心慮荒忽, 未必眞能存得耶? 程子言敬必整齊嚴肅, 正衣冠, 尊瞻視爲先, 又言未有箕踞而心不慢者. 如此乃是至論. (卷46「學」4〈存養持敬附〉)

[성리대전 63] 원문71

問, 人如何發其誠敬消其欲? 曰, 此是極處了. 誠只是去了許多僞, 敬只是去了許多怠慢. 欲只是要窒. (卷46「學」4〈存養持敬附〉)

[성리대전 64] 원문72

敬如治田而灌漑之功. 克己則是去其惡草也. (卷46「學」4〈存養持敬附〉)

[성리대전 65] 원문73

問, 大凡學者須先理會敬字. 敬是立脚去處, 常要自省得. 纔省得便在此. 或以爲此事甚難. 曰, 患不省察爾. 覺得間斷, 便已接續, 何難之有. 操則存, 舍則亡, 只在操舍兩事之間. 要之只消一箇操字. 到緊要處, 全不消許多文字言語. 若此意成熟, 雖操字亦不須用. (卷46「學」4〈存養 持敬附〉)

[성리대전 66] 원문74

問, 一向把捉, 待放下便覺恁衰颯, 不知當如何? 曰, 這箇也不須只管恁地把捉. 若要去把捉, 又添一箇要把捉底心, 是生許多事. 若知得放下不好, 便提掇起來便是敬. 曰, 靜坐久之, 一念不免發動, 當如何? 曰, 也須看一念是要做甚麼事. 若是好事合當做底事, 須去幹了. 或此事思量未透, 須著思量教了. 若是不好底事, 便不要做. 自家纔覺得如此, 這敬便在這裏. (卷46「學」4〈存養 持敬附〉)

[성리대전 67] 원문75

敬莫把做一件事看. 只是收拾自家精神專一在此. 今看來學者所以不進, 緣是但知說道格物, 却於自家根骨上煞欠闕精神, 意思都恁地不專一, 所以工夫都恁地不精銳. 未說道有甚底事分自家志慮, 只是觀山玩水, 也煞引出了心, 那得似教他常在裏面好. 如世上一等閑物事, 一切都絶意雖似不近人情, 要之如此方好. (卷46「學」4〈存養 持敬附〉)

[성리대전 68] 원문76

敬有死敬, 有活敬. 若只守著主一之敬, 遇事不濟之以義辯其是非則不活. 若熟後, 敬便有義, 義便有敬. 靜則察其敬與不敬. 動則察其義與不義. 如出門如見大賓, 使民如承大祭, 不敬時如何? 坐如尸, 立如齊, 不敬時如何? 須敬義夾持循環無端, 則內外透徹. (卷46「學」4〈存養 持敬附〉)

[성리대전 69] 원문77

敬義只是一事. 如兩脚立定是敬, 纔行是義. 合目是敬, 開眼見物便是義. (卷46「學」4〈存養 持敬附〉)

[성리대전 70] 원문78

方未有事時, 只得說敬以直內. 若事物之來, 當辨別一箇是非, 不成只管敬去. 敬義不是兩事. (卷46「學」4〈存養 持敬附〉)

[성리대전 71] 원문79

敬者守於此而不易之謂, 義者施於彼而合宜之謂. (卷46「學」4〈存養 持敬附〉)

[성리대전 72] 원문80

敬要回頭看. 義要向前看. (卷46「學」4〈存養 持敬附〉)

[성리대전 73] 원문81

問, 持敬. 曰, 但因其良心發見之微, 猛省提撕, 使心不昧, 則是做
工夫底本領. 本領旣立, 自然下學而上達矣. 若不察於良心發見
處, 即渺渺茫茫, 恐無下手處也. (卷46「學」4〈存養 持敬附〉)

[성리대전 74] 원문82

答何鎬書曰, 持敬之說甚善, 但如所諭, 則須是天資儘高底人, 不
甚假修爲之力方能如此. 若顏曾以下, 尤須就視聽言動容貌辭氣
上做工夫. 盖人心無形, 出入不定, 須就規矩繩墨上守定, 便自內
外帖然. 豈曰放僻邪侈於內而姑正容謹節於外乎? 且放僻邪侈,
正與莊整齊肅相反. 誠能莊整齊肅, 則放僻邪侈決知其無所容
矣. 旣無放僻邪侈, 然後到得自然莊整齊肅地位, 豈容易可及哉?
此日用工夫至要約處, 亦不能多談. 請以一事驗之, 儼然端莊執事
恭恪時, 此心如何? 怠惰頹靡渙然不收時, 此心如何? 試於此審
之, 則知內外未始相離, 而所謂莊整齊肅者, 正所以存其心也. 又
曰, 此心操之則存, 而敬者所以操之之道也. 今乃於覺而操之之
際, 指其覺者便以爲存而於操之之道不復致力. 此所以不惟立說
之偏, 而於日用功夫, 亦有所間斷而不周也. 愚意竊謂正當就此覺
處敬以操之, 使之常存而常覺, 是乃乾坤易簡交相爲用之妙. 若便
以覺爲存而不加持敬之功, 則恐一日之間存者無幾何, 而不存者
什八九矣. (卷46「學」4〈存養 持敬附〉)

[성 리 대 전 7 5] 원문 8 3

南軒張氏曰, 持敬, 乃是切要工夫. 然要將箇敬來治心, 則不可.
蓋主一之所謂敬, 敬, 是敬此也. 只敬便在此. 若謂敬爲一物, 將一
物治一物, 非惟無益而反有害. 乃孟子所謂必有事焉而正之, 卒爲
助長之病. (卷47「學」5〈存養 持敬 靜附〉)

[성 리 대 전 7 6] 원문 8 4

誠者天之道, 敬者人事之本. 敬道之成, 則誠而天矣. 然則君子之
學, 始終乎敬者也. 人之有是心也, 其知素具也. 意亂而欲泪之, 紛
擾桀兀, 不得須臾以寧, 而正理益以蔽塞, 萬事失其統矣. 於此有
道焉, 其惟敬而已乎? 伊川先生曰, 主一之謂敬. 又曰, 無適之謂一.
夫所謂一者, 豈有可玩而執者哉? 無適乃一也. 蓋不越乎此而已.
嘗試於平居暇日深體其所謂無適者, 則庶乎可識於言意之表矣.
故儼若思雖非敬之道, 而於此時可以體敬焉. 即是而存之, 由是以
察之, 則事事物物不得遁焉. 涵泳不舍, 思慮將日以清明, 而其知
不蔽矣. 知不蔽, 則敬之意味無窮, 而功用日新矣. 天地之心, 其在
玆與! 學者舍是而求入聖賢之門難矣哉! 至於所進有淺深, 則存
乎其人用力敏勇與緩急之不同耳. (卷47「學」5〈存養 持敬 靜附〉)

[성 리 대 전 7 7] 원문 8 5

勉齋黃氏曰, 敬是束得箇虛靈知覺住. 如火炬束得緊時那燄頭直
上, 不束則散減了. (卷47「學」5〈存養 持敬 靜附〉)

경敬이란 무엇인가?

[성 리 대 전 7 8] 원문 8 6

勉齋黃氏曰, 主敬致知, 兩事互爲經緯. 但言敬而不能有所見者,
恐亦於此有所未思耳. (卷47「學」5〈存養 持敬 靜附〉)

[성 리 대 전 7 9] 원문 8 7

持守之方, 無出主敬. 前輩所謂常惺惺法, 已是將持敬人心胸內
事摸寫出了. 更要去上面生支節, 只恐支離, 無緣脫灑. (卷47「學」5
〈存養 持敬 靜附〉)

[성 리 대 전 8 0] 원문 8 8

問, 前輩說主一無適, 是說得已發時敬. 如惺惺收歛是說得未發
時敬. 曰, 未須要辨未發已發, 且就自家心一息之間, 幾番已發未
發雖數千萬變, 豈無可辨認? 且如一箇大鏡相似, 恁地光皎在這
裏, 人來照着, 便隨他賦形, 人過去後, 這光皎者自若. (卷47「學」5
〈存養 持敬 靜附〉)

[성 리 대 전 8 1] 원문 8 9

敬是人之本體. 人惟胡思亂想, 便失了本然之體. 恐懼警畏, 正欲
收拾他依元恁地. (卷47「學」5〈存養 持敬 靜附〉)

[성 리 대 전 8 2] 원문 9 0

人稟陰陽五行之氣以生. 其爲是氣也, 莫不各有是理. 人得是氣

以爲體, 則亦具是理以爲性. 又必有虛靈知覺者存乎其間以爲心.
事物未接, 思慮未萌, 虛靈知覺者感而遂通. 一寂一感, 而是理亦
爲之寂感焉. 使夫虛靈知覺者常肅然而不亂, 炯然而不昏, 則寂
而理之體無不存, 感而理之用無不行矣. 惟夫虛靈知覺旣不能不
囿於氣, 而又不能不動於欲也. 則將爲氣所昏, 爲欲所亂, 而理之
體用亦隨之而昏且亂矣. 此敬之說所由以立也. 虛靈知覺我所有
也. 吾惟慢怠而無以檢之, 則爲氣所昏, 爲欲所亂矣. 惕然悚然,
常若鬼神父師之臨其上, 常若深淵薄冰之處其下, 則虛靈知覺者
自不容於昏且亂矣. 故嘗聞之先師曰, 敬字之說, 惟畏爲近之. 誠
能以所謂畏者驗之, 則不昏不亂可見矣. 曰, 然則諸說之不同, 何
也? 曰, 惺惺者, 不昏之謂也, 主於一而不容一物撓亂之謂也. 整
齊嚴肅, 則制於外以養其中也. 是皆可以體夫敬之意矣. 然而不
昏不亂者, 必先敬而後能如此. 制於外以養其中者, 必如此而後能
敬. 以之體敬之義. 必欲眞見夫所謂敬者, 惟畏爲近之也. 蓋畏卽
敬也. 能敬則能整齊嚴肅, 整齊嚴肅則能敬, 能敬則不昏不亂矣.
此朱子不得不取夫諸說以明夫敬, 而又以畏字爲最近也. (卷47
「學」5〈存養 持敬 靜附〉)

[성리대전 83] 원문91

北溪陳氏曰, 程子謂主一之謂敬, 無適之謂一. 文公合而言之曰,
主一無適之謂敬, 尤分曉. 敬一字從前經書說處儘多, 只把做閑
慢說過. 到二程方拈出來就學者做工夫處說, 見得這道理尤緊

切, 所關最大. 敬字本是箇虛字, 與畏懼等字相似. 今把做實工夫, 主意重了, 似箇實物一般. (卷47「學」5〈存養 持敬 靜附〉)

[성리대전 84] 원문92

人心妙不可測, 出入無時莫知其鄕. 惟敬便存在這裏. 所謂敬者無他, 只是此心常存在這裏, 不走作, 不散漫, 常惺地惺惺便是敬. (卷47「學」5〈存養 持敬 靜附〉)

[성리대전 85] 원문93

上蔡所謂常惺惺, 却是就心地上做工夫處, 說得亦親切. 蓋心常醒在這裏, 便常惺惺恁地活. 若不在便死了. 心纔在這裏, 則萬理森然於其中, 古人謂敬德之聚, 正如此. (卷47「學」5〈存養 持敬 靜附〉)

[성리대전 86] 원문94

程子說人心做工夫處, 特注意此字. 蓋以此道理貫動靜, 徹表裏, 一始終, 本無界限. 閑靜無事時也用敬, 應事接物時也用敬. 心在裏面也如此, 動出外來做事也如此, 初頭做事也如此, 做到末稍也如此. 此心常無間斷, 纔間斷便不敬. (卷47「學」5〈存養 持敬 靜附〉)

[성리대전 87] 원문95

西山眞氏曰, 伊川先生言主一之謂敬, 又恐人未曉一字之義. 又曰, 無適之謂一. 適, 往也. 主於此事則不移於他事, 是之謂無適也.

主者, 存主之義. 伊川又云主一之謂敬, 一者之謂誠. 主則有意. 在
學者用功, 須當主於一. 主者, 念念守此而不離之意也. 及其涵養
旣熟, 此心湛然, 自然無二無雜, 則不待主而自一矣. 不待主而自
一, 卽所謂誠也. 敬是人事之本, 學者用功之要, 至於誠, 則達乎天
道矣. 此又誠敬之分也. (卷47「學」5〈存養 持敬 靜附〉)

[성리대전 88] 원문96

所謂主一者, 靜時要一, 動時亦要一. 平居暇日未有作爲, 此心亦
要主於一, 此是靜時敬. 應事接物有所作爲, 此心亦要主於一, 此
是動時敬. 靜時能敬, 則無思慮紛紜之患, 動時能敬, 則無擧措
煩擾之患. 如此, 則本心常存而不失. 爲學之要, 莫先於此. (卷47
「學」5〈存養 持敬 靜附〉)

[성리대전 89] 원문97

端莊靜一, 乃存養工夫. 端莊主容貌而言, 靜一主心而言. 蓋表裏
交正之功. 合而言之則敬而已. (卷47「學」5〈存養 持敬 靜附〉)

[성리대전 90] 원문98

往昔百聖相傳, 敬之一言, 實其心法. 蓋天下之理惟中爲至正, 惟
誠爲至極. 然敬所以中, 不敬則無中也. 敬而後能誠, 非敬則無以
爲誠也. 氣之決驟軼於奔駟, 敬則其銜轡也. 情之橫放甚於潰川,
敬則其隄防也. 故周子主靜之言, 程子主一之訓, 皆其爲人最切者.

而子朱子又丁寧反復之, 學者倘於是而知勉焉, 戒於思慮之未萌, 恭於事物之旣接, 無少間斷, 則德全而欲泯矣. (卷47「學」5〈存養 持敬 靜附〉)

[성리대전 91] 원문99

魯齋許氏曰, 聖人之心, 如明鏡止水, 物來不亂, 物去不留, 用工夫 主一也. 主一, 是持敬也. (卷47「學」5〈存養 持敬 靜附〉)

[성리대전 92] 원문100

仁義禮智之得於天者謂之德. 是德也, 雖同得於有生之初, 而或失 於有生之後. 能得其所得而不失者, 君子也. 蓋德具於心者也. 欲 不失其心, 豈有他術哉? 敬以持之而已矣. 昔子路問君子, 夫子以 修己以敬爲答. 敬也者, 所以成君子之德也. 堯舜禹之欽, 即敬也. 傳之於湯爲日躋之敬, 傳之於文王爲緝熙之敬. 夫子修己以敬之 言, 傳自堯舜禹湯文王, 而傳之於顏曾子思孟子者也. 至於程子遂 以敬字該聖功之始終. 敬之法, 主一無適. 學者遽聞主一無適 之說儻未之能, 且當由謹畏入. 事事知所謹, 而於所不當爲者有 不肯爲. 念念知所畏, 而於所不當爲者有不敢爲. 充不肯爲不敢爲 之心而進退焉, 凡事主於一而不二乎彼, 凡念無所適而專在乎此, 程子敬字之法不過如是. 敬則心存, 心存而一靜一動皆出於正, 仁 義禮智之得於天者, 庶其得於心而不失矣乎! (卷47「學」5〈存養 持 敬 靜附〉)

[성리대전 93] 원문101

或問, 不拘靜坐與應事皆要專一否? 曰, 靜坐, 非是要如坐禪入定
斷絕思慮, 只收歛此心莫令走作閑思慮, 則此心湛然無事, 自然
專一. 及其有事, 則隨事而應, 事已, 則復湛然矣. 不要因一事而惹
出三件兩件, 如此則雜然無頭項, 何以得他專一! 此古人自少小時
便做了這工夫, 故方其灑掃時加帚之禮, 至於學詩學樂舞學弦誦,
皆要專一. 且如學射時, 心若不在, 何以能中? 學御時, 心若不在,
何以使得他馬? 書數皆然. 今旣自小不會做得, 不奈何, 須著從今
做去方得. 若不做這工夫, 却要讀書看義理, 恰似要立屋無基地,
且無安頓屋柱處. 今且說那營營底心會與道理相入否, 會與聖賢
之心相契否. 今求此心正爲要立箇基址, 得此心光明有箇存主處,
然後爲學便有歸著不錯. 若心雜然昏亂, 自無頭當, 却學從那頭
去, 又何處是收功處. 故程先生須令就敬字上做工夫, 正爲此也.
(卷47「學」5〈存養 持敬 靜附〉)

[성리대전 94] 원문102

就日用間實下持敬工夫, 求取放心, 然後却看自家本性元是善與
不善, 自家與堯舜元是同與不同. 若信得及, 意思自然開明, 持守
亦不費力矣.(卷47「學」5〈存養 持敬 靜附〉)

[성리대전 95] 원문103

文字講說得行, 而意味未深者, 正要本源上加功, 須是持敬. 持敬

以靜爲主, 此意須要於不做工夫時頻頻體察, 久而自熟. 但是着實自做工夫, 不干別人事. 爲仁由己而由人乎哉? 此語的當. 更看有何病痛, 知有此病, 必去其病, 此便是療之之藥. 如覺言語多, 便用簡黙, 意思疎闊, 便加細密. 覺得輕浮淺易, 便須深沉重厚. 程先生所謂矯輕警惰, 蓋如此. (卷47「學」5〈存養 持敬 靜附〉)

[성리대전 96] 원문104

魯齋許氏曰, 凡事一一省察, 不要逐物去了, 雖在千萬人中, 常知有己. 此持敬大署也. (卷47「學」5〈存養 持敬 靜附〉)

[성리대전 97] 원문105

學者工夫, 唯在居敬窮理, 此二事互相發. 能窮理, 則居敬工夫日益進. 能居敬, 則窮理工夫日益密. 譬如人之兩足, 左足行則右足止, 右足行則左足止. 又如一物懸空中, 右抑則左昂, 左抑則右昂. 其實只是一事. (卷48「學」6〈知行 言行附〉)

[성리대전 98] 원문106

人須做工夫方有礙. 初做工夫時, 欲做此一事, 又礙彼一事. 只如居敬窮理兩事, 居敬是箇收歛執持底道理, 窮理是箇推尋究竟底道理, 此二者便是相妨. 若是熟時, 則自不相礙矣. (卷48「學」6〈知行 言行附〉)

[성리대전 99] 원문107

持敬, 是窮理之本. 窮得理明, 又是養心之助. (卷48「學」6〈知行 言行附〉)

[성리대전 100] 원문108

學者若不窮理, 又見不得道理. 然去窮理, 不持敬又不得. 不持敬, 看道理便都散不聚在這裏. (卷48「學」6〈知行 言行附〉)

[성리대전 101] 원문109

致知, 敬, 克己, 此三事以一家譬之, 敬是守門户之人, 克己則是拒盜, 致知却是去推察自家與外来底事. 伊川言涵養須用敬, 進學則在致知. 不言克己, 蓋敬勝百邪便自有克. 如誠則便不消言閑邪之意. 猶善守門户, 則與拒盜便是一等事, 不消更言別有拒盜底. 若以涵養對克己言之, 則各作一事亦可. 涵養則譬將息, 克己則譬如服藥去病. 蓋將息不到, 然後服藥. 將息到, 則自無病, 何消服藥? 能純於敬, 則自無邪僻, 何用克己? 若有邪僻, 只是敬心不純, 只可責敬. 故敬則無己可克, 乃敬之效. 若初學則須是工夫都到, 無所不用其極. (卷48「學」6〈知行 言行附〉)

[성리대전 102] 원문110

或問, "橫渠教人以禮爲先, 與明道使學者從敬入, 何故不同? 曰, "旣有知識, 窮得物理, 却從敬上涵養出來, 自然是別. 正容謹節,

外面威儀, 非禮之本. 又曰, 橫渠以禮敎人, 明道以忠信爲先. (卷51「學」9〈敎人〉)

[성리대전 103] 원문111

賢輩但知有營營逐物之心, 不知有眞心, 故識慮皆昏. 觀書察理皆草草不精, 眼前易曉者亦看不見, 皆由此心雜而不一故也. 所以前輩語初學者必以敬, 曰, 未有致知而不在敬者. 今未知反求諸心, 而胸中方且叢雜錯亂, 未知所守. 持此雜亂之心以觀書察理, 故凡工夫皆從一偏一角做去, 何緣會見得全理? 某以爲諸公莫且收歛身心, 盡掃雜慮, 令其光明洞達, 方能作得主宰, 方能見理. 不然, 亦終歲而無成耳. (卷51「學」9〈敎人〉)

[성리대전 104] 원문112

南軒張氏曰, 二程先生所以敎學者, 不越於居敬窮理二事, 取其書反覆讀之則可以見. 蓋居敬有力, 則其所窮者愈精. 窮理浸明, 則其所居者益有地. 二者實互相發也. (卷51「學」9〈敎人〉)

[성리대전 105] 원문113

問, 盡其道謂之孝弟. 夫以一身推之, 則身者, 資父母血氣以生者也. 盡其道者則能敬其身, 敬其身者則能敬其父母矣. 不盡其道則不敬其身, 不敬其身則不敬父母. 其斯之謂歟? 程子曰, 今士大夫受職於君, 期盡其職. 受身於父母, 安可不盡其道? (卷52「學」10

〈人倫 師友附〉

[성리대전 106] 원문114

父子欲其親, 君臣欲其敬, 非是欲其如此. 蓋有父子則便自然有親, 有君臣則便自然有敬. (卷52「學」10〈人倫 師友附〉)

[성리대전 107] 원문115

南軒張氏曰, 天地位而人生乎其中. 其所以爲人之道者, 以其有父子之親, 長幼之序, 夫婦之別, 而又有君臣之義, 朋友之交也. 是五者, 天之所命而非人之所能爲. 有是性則具是道, 初不爲聖愚而加損也. 聖人能盡其性, 故爲人倫之至, 衆人則有所蔽奪而淪失之耳. 然聖人有教焉, 所以化其欲而反其初也. 舜之命契曰, 敬敷五教, 在寬. 寬云者, 漸濡涵養之, 使其所固有者自發也. 而咎繇亦曰, 天叙有典, 敕我五典, 五惇哉! 敕云者, 所以正其綱. 而惇云者, 所以厚其性也. 降及三代, 庠·序之教尤詳. 故孟子曰, 學則三代共之, 皆所以明人倫也. 明云者, 講明之而使之識其性之所以然也. 然則人之所以爲聖賢, 與夫聖賢之教人, 舍是五者其何以哉? (卷52「學」10〈人倫 師友附〉)

[성리대전 108] 원문116

西山眞氏曰, 夫之道在敬身以帥其婦, 婦之道在敬身以承其夫. 故父之醮子, 必曰, 勉帥以敬. 親之送女, 必曰, 敬之戒之. 夫婦之道

盡於此矣. (卷52「學」10〈人倫 師友附〉)

[성리대전 109] 원문117

事親大節目是養體養志致愛致敬. 四事中致愛敬尤急. 所以孝,
只是愛親敬親兩事耳. 天子之孝, 推愛敬之心以及天下, 亦惟此二
事爲能刑於四海, 固結人心, 舍此則法術矣, 其效與聖人不相似.
父母在不遠遊, 爲子者恃血氣何所不往, 但父母思念之心宜深體,
當以父母之心爲心. (卷52「學」10〈人倫 師友附〉)

[성리대전 110] 원문118

問, 方讀書時, 覺得無靜底工夫, 須有讀書之時, 有靜虛之時. 曰,
某舊見李先生, 嘗教令靜坐. 後來看得不然, 只是一箇敬字好. 方
無事時, 敬於自持. 及應事時, 敬於應事. 讀書時, 敬於讀書, 便自
然該貫動靜, 心無時不存. (卷53「學」11〈讀書法1〉)

[성리대전 111] 원문119

初學於敬不能無間斷. 只是纔覺間斷, 便提起此心, 只是覺處便
是接續. 某要得人只就讀書上體認義理. 日間常讀書, 則此心不
走作. 或只去事物中袞, 則此心易得汨沒. 知得如此, 便就讀書上
體認義理, 便可喚轉來. (卷53「學」11〈讀書法1〉)

問, 平日讀書時似亦有所見, 旣釋書則別是一般. 又每苦思慮紛
擾, 雖持敬亦未免弛慢. 不知病根安在. 曰, 此乃不求之於身, 而
專求之於書, 固應如此. 古人曰, 爲仁由己, 而由人乎哉? 凡吾身日
用之間, 無非道, 書則所以接湊此心耳. 故必先求之於身, 而後求
之於書, 則讀書方有味. (卷53 「學」11〈讀書法1〉)

제3단계 : 『퇴계선생문집』『남명집』

問, 心裏之敬與存養及情意之省察與敬, 何謂也. 曰, 人之受命于
天也, 具四德之理, 以爲一身之主宰者, 心也. 事物之感於中也,
隨善惡之幾, 以爲一心之用者, 情意也. 故君子於此心之靜也, 必
存養以保其體, 於情意之發也, 必省察以正其用, 然此心之理, 浩
浩然不可模捉, 渾渾然不可涯涘, 苟非敬以一之, 安能保其性而
立其體哉! 此心之發, 微而爲毫釐之難察, 危而爲坑塹之難蹈, 苟
非敬以一之, 又安能正其幾而達其用哉! 是以君子之學, 當此心未
發之時, 必主於敬而加存養工夫, 當此心已發之際, 亦必主於敬
而加省察工夫, 此敬學之所以成始成終而通貫體用者也. (「天命
圖說」)

示喩主敬觀理之功, 互相妨礙, 而心與事違, 以是爲未熟之故. 甚
善甚善. 朱先生謂陳安卿曰, 未熟時, 頓放這裏, 又不穩帖, 拈放
那邊, 又不是然, 終不成住了. 也須從這裏更著力, 始得到那熟處,
頓放這邊也是, 頓放那邊也是, 七顚八倒無不是, 所謂居安資深,
左右逢其原. 譬如梨柿, 生時酸澁喫不得, 到熟後自是一般甘美,
相去大遠. 只在熟與不熟之間. 又謂曰, 譬如耕田, 須是種下種子,
便去耘鋤灌漑, 然後到那熟處, 而今只想像那熟處, 卻不曾下得
種子, 如何會熟. 今以此兩條言之, 到那熟時, 始可以無妨礙之病.
然於克復存養之功, 不能眞積力久, 而欲望到熟處, 何異不種不
耘而望田之有熟乎? (卷29「答金而精」)

或曰, 敬若何以用力耶? 朱子曰, 程子嘗以主一無適言之, 嘗以整
齊嚴肅言之. 門人謝氏之說, 則有所謂常惺惺法者焉. 尹氏之說,
則有其心收斂不容一物者焉. 云云. 敬者, 一心之主宰, 而萬事之
本根也. 知其所以用力之方, 則知小學之不能無賴於此以爲始.
知小學之賴此以始, 則夫大學之不能無賴於此以爲終者, 可以一
以貫之而無疑矣 蓋此心旣立, 由是格物致知, 以盡事物之理, 則
所謂尊德性而道問學. 由是誠意正心以修其身, 則所謂先立其大
者, 而小者不能奪. 由是齊家, 治國以及平天下, 則所謂修己以安
百姓, 篤恭而天下平. 是皆未始一日而離乎敬也. 然則敬之一字,

豈非聖學始終之要也哉. 敬者又徹上下著工收效, 皆當從事而勿
失者也. 敬者又徹上下著工收效, 皆當從事而勿失者也. (『聖學十
圖』「大學圖」)

[퇴계선생문집 4] 원문124

正其衣冠, 尊其瞻視. 潛心以居, 對越上帝. 足容必重, 手容必恭.
擇地而蹈, 折旋蟻封. 出門如賓, 承事如祭. 戰戰兢兢, 罔敢或易. 守
口如瓶, 防意如城. 洞洞屬屬, 罔敢或輕. 不東以西, 不南以北, 當
事而存, 靡他其適. 弗貳以二, 弗參以三. 惟心惟一, 萬變是監. 從
事於斯, 是曰持敬. 動靜弗違, 表裏交正. 須臾有間, 私欲萬端. 不火
而熱, 不冰而寒. 毫釐有差, 天壤易處. 三綱旣淪, 九法亦斁. 於乎小
子, 念哉敬哉! 墨卿司戒, 敢告靈臺. (『聖學十圖』「敬齋箴圖」)

[남명집 1] 원문125

敬者, 聖學之成始成終者. 自初學以至聖賢, 皆以主敬爲進道之
方. 學而欠主敬工夫, 則爲學僞矣. (卷2,「示松坡子」)

[남명집 2] 원문126

在心於內, 而謹其獨者, 天德也. 省察於外, 而力其行者, 王道也.
其所以爲窮修存省之極功, 則必以敬爲主. 所謂敬者, 整齊嚴肅,
惺惺不昧. 主一心而應萬事, 所以直內而方外. 孔子所謂修己以敬
者, 是也. 故非主敬, 無以存此心, 非存心, 無以窮天下之理, 非窮

경敬이란 무엇인가?

理, 無以制事物之變. (卷2, 「戊辰奉事」)

[남명집 3] 원문127

程子曰, 主一者謂之敬, 一者謂之誠. 誠則無不敬, 未至於誠, 則
敬然後誠. 朱子曰, 誠字, 在道則爲實有之理, 在仁則爲實然之心.
其維持主宰, 專在敬字. 南軒張氏曰, 誠字, 天之道, 敬字, 人事之
本. 敬道之成, 則誠而天矣. 北溪陳氏曰, 誠是自然, 信是用力, 誠
是理, 信是心. 誠是天道, 信是人道. 誠以命言, 信以性言. 誠以道
言, 信以德言. 丹書曰, 敬勝怠者吉, 怠勝敬者滅. 義勝欲者從, 欲
勝義者凶. (『學記類編』「爲學之要」)

1. 경의 의미와 존재 근거

1) 이하 경敬과 뒷부분에서 제시한 덕德에 대한 해설은 김충렬,『중국철학사』
1, 예문서원, 1994, 151~154쪽 참조하여 재정리했다.

2)『孟子』「告子 上」: 仁, 人心也, 義, 人路也. 舍其路而弗由, 放其心而不知求,
哀哉. 人有雞犬放, 則知求之. 有放心, 而不知求. 學問之道無他, 求其放心而
已矣.

3) 葛晨虹,『德化的視野: 儒家德性思想硏究』北京: 同心出版社, 1998, 33~91
쪽.

4) P. Tillich, 김경수 옮김,『조직신학Systematic Theology』, 성광문화사, 1986;
D. M. Brown, 이계준 옮김,『궁극적 관심Ulitmate Concern』, 대한기독교서회,
1998, 64쪽.

5) 김충렬,『中國哲學散稿』I, 온누리, 1990, 69쪽.

6) 김충렬,『유가윤리강의』, 예문서원, 1994.

7)『中庸章句』1章: 天命之謂性.

8)『中庸章句』1章: 天以陰陽五行, 化生萬物, 氣以成形而理亦賦焉, 猶命令
也. 於是人物之性, 因各得其所賦之理, 以爲健順五常之德, 所謂性也.

9)『中庸章句』1章: 蓋人, 知己之有性, 而不知其出於天, 知事之有道, 而不知
其有於性, 知聖人之有敎, 而不知其因吾之所固有者裁之也.

10)『中庸章句』20章: 誠者, 天之道也, 誠之者, 人之道也. 誠者, 不勉而中, 不
思而得, 從容中道, 聖人也. 誠之者, 擇善而固執之者也.

11)『中庸章句』20章: 誠者, 眞實無妄之謂, 天理之本然也.

12)『性理大全』卷37: 誠字, 本就天道論, 維天之命, 於穆不已, 只是一箇誠.

天道流行, 自古及今, 無一毫之妄, 署往則寒來, 日往則月來, 春生了便夏長, 秋殺了便多藏. 元亨利貞, 終始循環, 萬古常如此. 皆是眞實道理, 爲之主宰, 如天行一日一夜, 一周而又過一度, 與日月星辰之運行躔度, 萬古不差, 皆是誠實道理如此. 又就果木觀之, 甜者萬古甜, 苦者萬古苦, 靑者萬古常靑, 白者萬古常白, 紅者萬古常紅, 紫者萬古常紫, 圓者萬古常圓, 缺者萬古常缺, 一花一葉文縷相等, 對萬古常然, 無一毫差錯, 便待人力, 十分安排選造來, 終不相似, 都是眞實道理, 自然百然.

13) 『性理大全』卷37: 一心之謂誠.; 誠則實也張子; 誠者, 理之實藍田呂氏; 誠是實理上蔡謝氏; 誠者, 實有此理朱子.

14) 『朱子語類』卷6: 誠是理

15) 『朱子語類』卷23: 誠者, 合內外之道, 便是表裏如一. 內實如此, 外也實如此.

16) 『通書』「誠」: 誠者, 聖人之本. 大哉乾元, 萬物資始, 誠之源也. 乾道變化, 各正性命, 誠斯立焉. 純粹至善者也.

17) 『中庸章句』20章: 誠之者, 未能眞實無妄, 而欲其眞實無妄之謂, 人事之當然也.

18) 『孟子集註』「離婁」上: 誠者, 天之道也, 思誠者, 人之道也.

19) 『大學章句』傳6章: 誠其意者 毋自欺也.; 自修之首.

20) 『性理大全』卷37: 誠, 則無不敬, 未至於誠, 則敬然後, 誠.

2. 경-예의 강령, 몸 수련의 기초

1) 『論語』「爲政」: 詩三百, 一言以蔽之曰, 思無邪.

2) 『論語』「學而」: 學而時習之, 不亦說乎. 有朋自遠方來, 不亦樂乎. 人不知而不慍, 不亦君子乎.; 『孟子』「梁惠王」: 孟子見梁惠王. 王曰, 叟不遠千里而來, 亦將有以利吾國乎. 孟子對曰, 王何必曰利. 亦有仁義而已矣. 王曰, 何以利吾

國. 大夫曰, 何以利吾家. 士庶人曰, 何以利吾身. 上下交征利而國危矣. 萬乘之
國弑其君者, 必千乘之家. 千乘之國弑其君者, 必百乘之家. 萬取千焉, 千取百
焉, 不爲不多矣. 苟爲後義而先利, 不奪不饜. 未有仁而遺其親者也, 未有義而
後其君者也. 王亦曰仁義而已矣. 何必曰利.

3) 『禮記』「曲禮 上」: 曲禮曰, 毋不敬, 儼若思, 安定辭. 安民哉. 敖不可長, 欲
不可從, 志不可滿, 樂不可極. 賢者狎而敬之, 畏而愛之. 愛而知其惡, 憎而知
其善. 積而能散, 安安而能遷. 臨財毋苟得, 臨難毋苟免. 很毋求勝, 分毋求多.
疑事毋質, 直而勿有.

4) 『論語』「憲問」: 子路問君子. 子曰修己以敬. 曰如斯而已乎. 曰修己以安人.
曰如斯而已乎. 曰修己以安百姓, 修己以安百姓, 堯舜, 其猶病諸.

5) 『論語集註大全』「憲問」小註: 脩己以敬, 語雖至約, 而所以齊家治國平天
下之本, 擧積諸此, 子路不喩而少其言. 於是告以安人·安百姓之說. (…) 安人
安百姓, 則因子路之問, 而以功效之及物者言也. 然曰安人, 則脩己之餘而敬
之至也. 安百姓, 則脩己之極而安人之盡也. 是雖若有小大遠近之差, 然皆不
離於脩己以敬之一言, 而非有待於擴之而後大, 推之而後遠也.

6) 『論語集註』「憲問」: 程子曰, 君子修己以安百姓, 篤恭而天下平, 唯上下一
於恭敬, 則天地自位, 萬物自育, 氣無不和而四靈畢至矣. 此體信達順之道, 聰
明睿知, 皆由是出, 以此事天饗帝.

3. 경의 존재 양식과 확장 논리 – 내면에서 외면으로

1) 『周易』坤卦「文言」: 積善之家, 必有餘慶. 積不善之家, 必有餘殃. 臣弑其
君, 子弑其父, 非一朝一夕之故, 其所由來者漸矣, 由辨之不早辨也. 易曰, 履
霜, 堅冰至, 蓋言順也. 直其正也, 方其義也. 君子敬以直內, 義以方外, 敬義立
而德不孤. 直方大, 不習無不利, 則不疑其所行也.
2) 이 구절 이외에도 『주역』에서는 인간의 내면과 외면을 동시에 거론하며, 경

의 의미를 일러준다. "경을 통해 삼가면 패망하지 않는다."(『周易』需卦〈象〉: 敬
愼不敗也) "경을 통해 수양하면 허물이 없을 것이다."(離卦〈爻辭〉: 敬之無咎)

3) 『易傳』: 天下之事, 未有不由積而成, 家之所積者善, 則福慶及於子孫, 所
積不善, 則災殃流於後世. 其大至於弑逆之禍, 皆因積累而至, 非朝夕所能成
也. 明者則知漸不可長, 小積成大, 辨之於早, 不使順長. 故天下之惡, 無由而
成, 乃知霜冰之戒也, 霜而至於冰, 小惡而至於大, 皆事勢之順長也. 直言其
正也, 方言其義也. 君子主敬以直其內, 守義以方其外, 敬立而內直, 義形而外
方. 義形於外, 非在外也. 敬·義旣立, 其德盛矣, 不期大而大矣, 德不孤也. 無
所用而不周.

4) 『周易本義』: 此以學言之也. 正, 謂本體, 義, 謂裁制, 敬則本體之守也.

5) 孔穎達, 『周易註疏』 卷1: 君子用敬以直內, 內謂心也, 用此恭敬以直內心.
義以方外者, 用此義事以方正外物. 言君子法地正直而生萬物, 皆得所宜.

6) 『河南程氏遺書』 卷2: 問必有事焉, 當用敬否. 曰敬只是涵養一事. 必有事
焉, 須當'集義. 又問義莫是中理否. 曰中理在事, 義在心. 問敬義何別. 曰敬只
是持己之道, 義便知有是有非, 順理而行是爲義也. 若只守一個敬, 不知集義,
卻是都無事也. 又問義只在事上, 如何. 曰內外一理, 豈特事上求合義也.

7) 『孟子』「公孫丑」上: 必有事焉而勿正, 心勿忘, 勿助長也. 是集義所生者. 非
義襲而取之也, 行有不慊於心, 則餒矣.

8) 『朱子語類』 卷69: 敬以直內, 是持守功夫. 義以方外, 是講學功夫. 直是直
上直下, 胸中無纖豪委曲. 方是割截方正之意, 是處此事皆合宜, 截然不可得
而移易之意.

9) 『朱子語類』 卷95: 敬義夾持, 直上達天德自此, 最是下得'夾持'兩字好. 敬
主乎中, 義防於外, 二者相夾持. 要放下霎時也不得, 只得直上去, 故便達天德
自此. 表裏夾持, 更無東西走作去處, 上面只更有個天德.

10) 『朱子語類』 卷69: 問義形而外方. 曰義是心頭斷事底, 心斷於內, 而外便
方正, 萬物各得其宜. 又云敬字解直字, 義字解方字, 敬義立而德不孤, 卽解大
字. 敬而無義, 則作事出來必錯了. 只義而無敬則無本, 何以爲義? 皆是孤也.

須是敬·義立, 方不孤. 施之事君則忠於君, 事親則悅於親, 交朋友則信於朋友, 皆不待習而無一之不利也.

11) 호병문胡炳文(1250~1333): 원나라 때 학자로 자가 중호仲虎이고, 호가 운봉雲峯이며, 무원婺源 고천考川 사람이다. 경전 주석에서 인용할 때 흔히 운봉호씨雲峯胡氏라고도 하는데, 주자학과 역학에 조예가 있었다. 저서로 『雲峯集』 『四書通』 『周易本義通釋』 『純正蒙求』 등이 있다.

12) 『周易本義通釋』 卷7: 主敬是爲學之要, 集義乃講學之功.

13) 설선薛瑄(1389~1464): 자는 덕온德溫이고 호는 경헌敬軒이다. 명明나라 때 하진河津 사람으로, 하동학파河東學派의 창시자이다. 세칭 설하동薛河東이라 불렸다. 저서에 『薛文清公全集』이 있다.

14) 薛瑄, 『讀書錄』 續錄 卷3: 敬以直內, 涵養未發之中. 義以方外, 省察中節之和. 又曰敬以直內, 戒愼恐懼之事. 義以方外, 知言集義之事. 內外夾持, 用力之要, 莫切於此.

15) 『中庸』 1章: 喜怒哀樂之未發, 謂之中. 發而皆中節, 謂之和. 中也者, 天下之大本也. 和也者, 天下之達道也.

16) 채청蔡淸(1453~1508): 자가 개부介夫이고 별호가 허재虛齋다. 명나라 때 저명한 이학가理學家로서 주로 이정二程과 주자朱子의 저술 연구를 통해 그들의 사상을 계승했다. 저술로는 『四書蒙引』 『易經蒙引』 『虛齋文集』 등이 있다.

17) 『論語』 「顏淵」: 子張問崇德辨惑. 子曰主忠信, 徙義, 崇德也.

18) 蔡淸, 『易經蒙引』 卷1: 正是無少邪曲, 義是無少差謬. 又曰此正義二字, 皆以見成之德言. 然直不自直, 必由於敬. 方不自方, 必由於義. 直卽主忠信, 方卽徙義. 直卽心無私, 方卽事當理. 故直內以動者言爲當.

19) 『孟子集註』 「盡心 上」: 心者, 人之神明, 所以具衆理, 而應萬事者也.

20) 『孟子』 「盡心 上」: 盡其心者, 知其性也. 知其性, 則知天矣. 存其心, 養其性, 所以事天也.

21) 『中庸』 1章: 天命之謂性, 率性之謂道, 修道之謂敎.

22) 『孟子集註』 「盡心」 上: 性, 則心之所具之理.

23) 정병련,『중국철학연구』I, 경인문화사, 2000, 361~367쪽 참고.

24)『大學』傳6章: 所謂誠其意者, 毋自欺也.

25)『中庸』20章 : 誠者, 天之道也.

26) 김충렬,『유가윤리강의』, 예문서원, 1994, 97~109쪽 참고.

27)『中庸』1章: 天命之謂性.

28)『性理大全』卷37: 一心之謂誠.

29)『性理大全』卷37: 誠則實也張子; 誠者, 理之實藍田呂氏; 誠是實理上蔡謝氏; 誠者, 實有此理朱子.

30)『孟子』「告子 上」: 牛山之木, 嘗美矣, 以其郊於大國也. 斧斤, 伐之, 可以爲美乎. 是其日夜之所息, 雨雲之所潤, 非無萌蘗之生焉, 牛羊, 又從而牧之. 是以, 若彼濯濯也, 人見其濯濯也, 以爲未嘗有材焉, 此豈山之性也哉. 雖存乎人者, 豈無仁義之心哉, 其所以放其良心者, 亦猶斧斤之於木也, 旦旦而伐之, 可以爲美乎. 其日夜之所息, 平旦之氣, 其好惡, 與人相近也者, 幾希, 則其旦晝之所爲, 有梏亡之矣. 梏之反覆, 則其夜氣, 不足以存, 夜氣, 不足以存, 則其違禽獸, 不遠矣. 人見其禽獸也, 而以爲未嘗有才焉者, 是豈人之情也哉. 故, 苟得其養, 無物不長, 苟失其養, 無物不消. 孔子曰, 操則存, 舍則亡, 出入無時, 莫知其鄕, 惟心之謂與.

31) 楊祖漢,『儒家的心學傳統』, 臺北: 文津出版社, 1992, 11쪽.

32) 楊澤波,『孟子與中國文化』, 貴陽: 貴州人民出版社, 2000, 201~211쪽.

33)『孟子集註』「告子 上」: 心體固本靜然, 亦不能不動. 其用固本善, 然亦能流而入於不善. 夫其動而流於不善者, 固不可謂心體之本然, 然亦不可不謂之心也.

34) 丁冠之,『孟子研究論文集』, 濟南: 山東大學出版社, 1994, 14쪽.

35) 김기현,「맹자의 성선설과 순자의 성악설에 대한 현대적 조명」, 대한철학회,『철학연구』제79집2001. 53쪽.

36)『孟子』「公孫丑 上」: 孟子曰, 人皆有不忍人之心. 先王有不忍人之心, 斯有不忍人之政矣. 以不忍人之心, 行不忍人之政, 治天下, 可運於掌上. 所以謂人

경敬이란 무엇인가?

皆有不忍人之心者, 今人乍見孺子將入於井, 皆有怵惕惻隱之心, 非所以內交
於孺子之父母也, 非所以要譽於鄕黨朋友也, 非惡其聲而然也. 由是觀之, 無
惻隱之心, 非人也, 無羞惡之心, 非人也, 無辭讓之心, 非人也, 無是非之心, 非
仁也.

37) 박승현, 「맹자의 성선론과 도덕적 악의 문제」, 중앙철학연구소, 『철학탐
구』 제26집, 2009, 48쪽.

38) 『孟子』 「告子 上」: 惻隱之心, 人皆有之. 羞惡之心, 人皆有之. 恭敬之心, 人
皆有之. 是非之心, 人皆有之. 惻隱之心, 仁也. 羞惡之心, 義也. 恭敬之心, 禮
也. 是非之心, 智也. 仁義禮智, 非由外鑠我也, 我固有之也, 弗思耳矣. 故曰,
求則得之, 舍則失之. 或相倍蓰而無算者, 不能盡其才者也.

39) 이가원 감수, 『맹자』, 홍신문화사, 1975, 139쪽.

40) 『孟子集註』 「告子 上」: 恭者, 敬之發於外者也. 敬者, 恭之主於中者也.;
雲峯胡氏曰, 前篇於四者言端, 欲人充廣. 此不言端, 而直因用以著其本體, 欲
人體認. 前以辭讓爲禮之端. 辭讓, 皆以發乎外者言. 此曰恭敬, 則兼以外與內
而言, 故不必言端.

41) 『性理大全』 卷37: 程子曰, 發於外者謂之恭, 有諸中者謂之敬.

42) 『國語』 卷5 「魯」下註: 恭爲謙.

43) 『性理大全』 卷37: 身體嚴整, 容貌端裝, 此是恭底意. 但恭是敬之見於外
者, 敬是恭之存於中者, 敬與恭, 不是二物. 如形影. 恭主容, 敬主事. 有事著心
做, 不易其心, 而爲之是敬. 恭形於外, 敬主於中, 自誠身而言, 則恭較緊, 自行
事而言, 則敬爲切.

44) 『性理大全』 卷37: 恭在外工夫, 猶淺. 敬在內工夫, 大段細密.

45) 『論語』 「學而」: 敬事而信.

46) 『論語』 「子路」: 居處恭, 執事敬, 與人忠.

47) 『論語』 「雍也」: 居敬而行簡.

48) 『孟子』 「離婁 上」: 責難於君, 謂之恭. 陳善閉邪, 謂之敬.

49) 『孟子』 「離婁 下」: 敬人者, 人恒敬之.

50) 『孟子』「盡心 上」: 恭敬者, 幣之未將者也.

4. 퇴계와 남명의 경 공부

1) 『聖學十圖』「大學圖」: 敬者, 又徹上下著工收效, 皆當從事而勿失者也. 故朱子之說, 如彼, 而今玆十圖皆以敬爲主焉.

2) 蔡茂松, 『退溪·栗谷哲學의 比較 硏究』, 성균관대출판부, 1985, 117쪽.

3) 최재목, 『쉽게 읽는 퇴계의 성학십도』, 예문서원, 2004 145쪽.

4) 『聖學十圖』「敬齋箴圖」: 敬爲聖學之始終. ; 율곡 이이의 경우에도 『聖學輯要』「收斂章」에서 "경은 성학의 처음과 끝이다 敬者聖學之始終也"라고 하여 유학의 핵심이 경에 있음을 강조했다.

5) 『書經』「大禹謨」: 人心惟危, 道心惟微, 惟精惟一, 允執厥中.

6) 『大學或問』: 程子於此, 嘗以主一無適言之矣. 嘗以整齊嚴肅言之矣. 謝氏之說, 則又有所謂常惺惺法者焉. 尹氏之說, 則又有所謂其心收斂不容一物者焉.

7) 신귀현, 『퇴계 이황, 예 잇고 뒤를 열어 고금을 꿰뚫으셨소』, 예문서원, 2001, 106쪽.

8) 한형조, 「퇴계의 『성학십도』, 주자학의 설계도」, 『조선유학의 거장들』, 문학동네, 2008 참조.

9) 『退溪先生文集』 卷29 「答金而精」: 其間所論操存涵養, 苦要分別先後, 已是無緊要, 而元禮忽然生出一句心有未嘗放者, 遂就此上生出無限枝葉. 不知今苦苦理會得此一句, 有甚緊切日用爲己功夫處耶. 敬以直內, 爲初學之急務. 誠如所諭, 此事統體操存, 不作兩段, 日用間便覺得力. 今以此數說觀之, 心有未嘗放者之論, 固謬而無緊要矣. 至若操存涵養, 最爲學緊切功夫, 而先生之戒如此, 何耶. 不以眞知實踐爲事, 徒辨論先後之是務, 故先生非之. 況今心先動性先動之說. 比於操存涵養功夫, 其無緊要又甚矣. 何必苦苦分先後,

경敬이란 무엇인가?

爲此閑爭競耶. 愚意莫如且當置此微妙辨論, 只將敬以直內爲日用第一義. 以驗夫統體操存, 不作兩段者, 爲何等意味. 方始有實用功處, 脚跟着地, 可漸漸進步, 至於用力之久, 積熟昭融, 而有會於一原之妙, 則心性動靜之說, 不待辨論而嘿喩於心矣.

10) 이명수,「퇴계 이황의 심학에 있어 '敬'과 욕망의 문제」,『유학사상연구』제28집, 한국유학학회, 2007, 5~28쪽 참고.

11) 『自省錄』「答鄭子中」; 신창호,『함양과 체찰』, 미다스북스, 2010, 166쪽.

12) 아베 요시오, 김석근 옮김,『퇴계와 일본 유학』, 전통과현대, 1998, 33~34쪽.

13) 정순목,『퇴계의 교육철학』, 지식산업사, 1986, 186쪽 참고.

14)『朱子書節要』序: 因病罷官, 載歸溪上, 得日閉門靜居而讀之. 自是, 漸覺其言之有味, 其義之無窮, 而於書札也, 尤有所感焉. 蓋就其全書而論之, 如地負海涵. 雖無所不有, 而求之難得其要. 至於書札, 則各隨其人材稟之高下. 學問之淺深, 審證而用藥石, 應物而施爐錘. 或抑或揚, 或導或救, 或激而進之, 或斥而警之. 心術隱微之間, 無所容其纖惡, 義理窮索之際, 獨先照於毫差. 規模廣大, 心法嚴密, 戰兢臨履. 無時或息, 懲窒遷改, 如恐不及, 剛健篤實輝光, 日新其德. 其所以勉勉循循而不已者. 無間於人與己, 故其告人也. 能使人感發而興起焉. 不獨於當時及門之士爲然. 雖百世之遠, 苟得聞敎者, 無異於提耳而面命也. 嗚呼至矣.

15)『自省錄』序: 古者, 言之不出, 恥躬之不逮也. 今與朋友講究往復, 其言之出, 有不得已者, 已自不勝其愧矣. 況旣言之後, 有彼不忘而我忘者, 有彼我俱忘者. 斯不但可恥, 其殆於無忌憚者, 可懼之甚也. 間搜故篋手寫書藁之存者, 置之几間, 時閱而屢省, 於是而不替焉. 其無藁不錄者, 可以在其中矣.

16) 맹자의 인성론人性論은 일반적으로 성선설性善說로 이해된다. 그러나 사단설四端說에서 강조되듯이, 성선설은 엄밀하게 말하면 선단설善端說로 보아야 한다. 맹자는 인간이면 누구나 갖추고 있는 선善한 마음이 단초端初의 양식으로 자리한다고 보고, 그것을 확충擴充하는 논리를 제시한다. 즉, 선단善端으로 존재하는, 선할 가능성을 지니고 있는 마음의 단서를 넓히고 채워서

온전한 선의 덩어리인 건전한 인격자로 만드는 것이 수양의 목표이다.

17) 진지眞知는 주경主敬의 공부에 의하여 우주만물의 소당연지칙所當然之則과 소이연지고所以然之故로서의 리理를 궁구하고 활연관통豁然貫通하여 참으로 체용일원 현미무간體用一源 顯微無間이라는 것을 알아서 위태危殆로운 인심人心과 미묘微妙한 도심道心을 섞지 않고 정일精一하여 집중執中할 수 있을 때 이루어진다. 강희복, 「退・栗의 修養論에 관한 淺見」『율곡사상연구』제12집2006. 8, 91쪽 참고.

18) 『退溪先生文集』卷28 「答金惇叙」: 大抵人之爲學, 勿論有事無事有意無意. 惟當敬以爲主, 而動靜不失, 則當其思慮未萌也. 心體虛明, 本領深純, 及其思慮已發也. 義理昭著, 物欲退聽, 紛擾之患漸減, 分數積而至於有成, 此爲要法. 今不務此, 而以應接時自然思生爲可, 則是欲其無事時絶無思慮也.

19) 『退溪全書』「戊辰六條疏」: 請必深納於臣前所論眞知實踐之說. 敬以始之, 敬以終之, 方其始也. 所知者或有黯晦而未瑩. 所行者或有矛盾而不合. 請愼勿因此而生厭沮之心, 當知聖賢必不我欺. 但我功力未至, 勉勉循循, 而不廢於中道. 如此積習之久, 純熟之餘, 自至於精義入神, 而目牛無全, 睟面盎背, 而左右逢原. 此之謂躬行心得, 而道明於己.

20) 『聖學十圖』「大學圖」: 敬者, 一心之主宰, 而萬事之本根也.

21) 윤천근, 『퇴계철학을 어떻게 볼 것인가』, 온누리, 1987, 170~172쪽 참고.

22) 최진덕, 「퇴계 성리학의 자연도덕주의적 해석」, 『퇴계의 사상과 그 현대적 의미』, 한국정신문화연구원, 1997, 217쪽.

23) 남명을 실천 중심의 유학자로만 보고 다른 학자들을 이론 중심의 학자로만 볼 수 없는 이유는 앞에서 논의한 퇴계와 비교해도 확인할 수 있다. 퇴계는 다양한 벼슬을 지내며 학자 관료로 처신했고 陶山書堂[陶山書院]을 중심으로 활동했다. 반면, 남명은 야인 학자로서 山海亭・雷龍舍・雞伏堂・山天齋[德川書院]을 중심으로 학문 활동을 했다. 두 학자 모두 성리학을 근본으로 학문과 정치, 인생, 교육을 실천해나갔다. 이 가운데 어떤 학자는 이론 중심적이고 어떤 학자는 실천 중심적이라고 했을 때, 오해의 소지가 있다. 성리학자들은 강

조점에 따라 학문의 전개 양상이 조금씩 달라질 뿐, 기본적으로 유학 이론에 충실한 敬의 실천을 지향한다.

24) 남명은『周易』「坤卦·文言」의 "敬以直內, 義以方外"를 그의「佩劍銘」에 "內明者敬, 外斷者義"로 표현했다. 이는 다양한 해석의 여지가 있지만 그 기본은 경과 의를 강조하며 자신의 의지를 드러낸 학문 태도의 표출이다. 그리고「송파자에게 보임」이라는 편지에서 "경은 성학의 시작이 되고 끝이 되는 것이다. 초학자로부터 성현에 이르기까지 모두 경을 위주로 하여 도에 나아가는 방편으로 삼는다. 학문을 하면서 경을 주로 하는 공부가 부족하면 학문을 하는 것이 거짓이 된다敬者, 聖學之成始成終者. 自初學以至聖賢, 皆以主敬爲進道之方. 學而欠主敬工夫, 則爲學僞矣"라고 했다.『南冥集』卷2,「示松坡子」

25)『學記類編』「存養」: 敬字工夫, 乃聖門第一義, 徹頭徹尾, 不可頃刻間斷『朱子語類』卷12,『性理大全』卷46.

26)『南冥集』卷1,「銘」: 閑邪存, 修辭立, 求精一, 由敬入.

27)『南冥集』卷2,「戊辰奉事」: 在心於內, 而謹其獨者, 天德也. 省察於外, 而力其行者, 王道也. 其所以爲窮修存省之極功, 則必以敬爲主. 所謂敬者, 整齊嚴肅, 惺惺不昧. 主一心而應萬事, 所以直內而方外. 孔子所謂修己以敬者, 是也. 故非主敬, 無以存此心, 非存心, 無以窮天下之理, 非窮理, 無以制事物之變.

28) 남명이『대학』을 강조한 흔적은 다음과 같은 편지에서 두드러진다.『南冥集』卷2,「答仁伯書」: "『대학』으로 공부를 하면서 틈틈이『성리대전』을 한두 해 탐구하라. 항상『대학』이라는 한 집에만 출입하게 되면 연나라나 초나라에 가더라도 본가로 돌아와 머물게 된다. 성인이 되고 현인이 되는 것도 모두 이 집에서 벗어나지 않는다. 주자가 평생 힘을 얻은 것도 모두 이 책에 있었다於今直把大學看, 傍探性理大全一二年. 常常出入, 大學一家, 雖使之燕之楚, 畢竟歸宿本家, 作聖作賢, 都不出此家內矣.";『南冥集』卷2,「示松坡子」: "『대학』은 여러 경전의 강령이므로 반드시『대학』을 읽어 훤히 꿰뚫어 알게 되면 다른 글을 보기가 쉬워진다大學, 群經之綱統, 須讀大學, 融會貫通, 則看他書便易."

29) 『學記類編』「爲學之要」: 朱子曰, 知先行後無疑. 然有淺深小大. 小學是
收放心. 禮樂射御, 養其德性, 知之淺, 行之小. 大學是察義理, 誠正修, 措諸
事業, 知之深, 行之大. 欲因小學之成, 以進大學之始, 非涵養踐履之有素, 豈
能居然以雜亂紛糾之心, 格物以致其知哉『性理大全』卷48.

30) 『學記類編』「爲學之要」: 朱子曰, 爲學之實, 固在踐履. 徒知而不行, 誠與
不學同. 然欲行而未明於理, 則所踐履者, 又不知其果何事. 故大學之道, 雖
以誠正爲本, 而必以格致爲先. 意誠, 則心之所發, 已實 何暇於正心乎. 但心之
用, 本自虛中發出. 虛其心, 則本體不偏, 妙用亦實. 譬如一竿竹, 雖一竿, 其間,
又有許多節. 心之用, 雖正, 而又不可不正其體, 此意誠而心正『性理大全』卷
44;『大學』傳5章 註.

31) 인간은 자연 질서의 명령인 필연적인 법칙을 지킴과 동시에 사회 질서인
행위 규범을 당위 법칙으로 지켜야 하는 운명을 지녔다. 이때 禮義廉恥라는
성을 인식하고 경 공부로 나아가게 하는 윤리적이자 도의적인 요청을 하게 된
다. 김충렬,『유가윤리강의』, 예문서원, 1994, 97~109쪽.

32) 『中庸章句』 1章: 天命之謂性.

33) 蕭兵,『中庸的文化省察』武漢: 湖北人民出版社, 1997, 991쪽.

34) 義라는 글자의 원뜻은 희생물로 바치는 羊을 신의 뜻에 맞도록 톱 모양
의 칼[我]로 법도에 따라 올바르게 자르는 것을 가리킨다. 여기에서 올바르다
[正], 마땅하다[宜]라는 의미가 생겨났다. 이때 宜는 도마[俎] 위에 고기를 올
려놓은 형상을 나타내는데 의미와 발음 모두 義와 통용된다. 의는 오륜과 오
상의 하나로 사람이 당연히 행해야만 하는 도리로 여겨진다. 따라서 그 내용
에 따라 忠義, 恩義, 信義, 道義, 節義, 義俠 등과 같이 다른 덕목과 함께 사
용된다. 溝口雄三・丸山松幸・池田知久, 김석근・김용천・박규태 옮김,『中國
思想文化事典』, 서울: 민족문화문고, 2003, 213~223쪽〈義〉.

35) 『學記類編』「爲學之要」: 程子曰, 主一者謂之敬, 一者謂之誠. 誠則無不
敬, 未至於誠, 則敬然後誠. 朱子曰, 誠字, 在道則爲實有之理, 在仁則爲實然
之心. 其維持主宰, 專在敬字. 南軒張氏曰, 誠字, 天之道, 敬字, 人事之本. 敬

道之成, 則誠而天矣. 北溪陳氏曰, 誠是自然, 信是用力, 誠是理, 信是心. 誠是天道, 信是人道. 誠以命言, 信以性言. 誠以道言, 信以德言. 丹書曰, 敬勝怠者吉, 怠勝敬者滅. 義勝欲者從, 欲勝義者凶.『性理大全』卷37, 卷47.

36)『學記類編』「爲學之要」: 五峯胡氏曰, 居敬, 所以精義也.

37)『學記類編』「爲學之要」: 朱子曰, 敬比如鏡, 義便是能照底.

38)『學記類編』「爲學之要」: 以敬義二字, 隨處加工, 久久自當得力. 義理之間, 只得着力分別, 不當預以難辨爲憂. 聖門只此便是終身事業. 雲峯胡氏曰, 謹獨是敬以直內, 絜矩是義以方外.『朱子語類』卷69;『大學章句』傳10章.

39)『大學章句』傳6章: 小人閒居, 爲不善, 無所不至, 見君子而后, 厭然揜其不善, 而著其善, 人之視己, 如見其肺肝, 然則何益矣. 此謂, 誠於中, 形於外, 故君子必愼其獨也.

40) 신창호,『『대학』, 교육의 지도자 교육철학』, 교육과학사, 2010 참고.

41)『禮記』「禮運」: 大道之行也, 天下爲公. 選賢與能, 講信修睦, 故人不獨親其親, 不獨子其子, 使老有所終, 壯有所用, 幼有所長, 矜寡孤獨廢疾者, 皆有所養. 男有分, 女有歸. 貨惡其棄於地也, 不必藏於己, 力惡其不出於身也, 不必爲己. 是故謀閉而不興, 盜竊亂賊而不作, 故外戶而不閉, 是謂大同.

42)『禮記』「禮運」: 今大道既隱, 天下爲家, 各親其親, 各子其子, 貨力爲己, 大人世及以爲禮. 城郭溝池以爲固, 禮義以爲紀, 以正君臣, 以篤父子, 以睦兄弟, 以和夫婦, 以設制度, 以立田里, 以賢勇知, 以功爲己. 故謀用是作, 而兵由此起, 禹湯文武成王周公, 由此其選也. 此六君子者, 未有不謹於禮者也. 以著其義, 以考其信, 著有過, 刑仁講讓, 示民有常. 如有不由此者, 在勢者去, 衆以爲殃, 是謂小康.

43)『大學章句』傳10章: 所惡於上, 毋以使下, 所惡於下, 毋以事上, 所惡於前, 毋以先後, 所惡於後, 毋以從前, 所惡於右, 毋以交於左, 所惡於左, 毋以交於右. 此之謂絜矩之道也.

44)『大學章句』傳10章: 德者本也, 財者末也.

45)『大學章句』傳10章: 財聚則民散, 財散則民聚.

46)『大學章句』傳10章: 外本內末故財聚, 爭民施奪故民散, 反是則有德而有人矣.

47)『大學章句』傳10章: 生財有大道, 生之者衆, 食之者寡, 爲之者疾, 用之者舒, 則財恒足矣.

48)『大學章句』傳10章: 國無遊民, 則生者衆矣. 朝無幸位, 則食者寡矣. 不奪農時, 則爲之疾矣. 量入爲出, 則用之舒矣.

5. 거경居敬의 일상 수양

1)『性理大全』卷46: 敬字前輩, 多輕說過了, 唯程子看得重.

2)『性理大全』卷46: 敬只是此心, 自做主宰處.

3)『性理大全』卷46: 敬是箇扶策人底物事. 人當放肆怠惰時, 纔敬便扶策得此心起, 常常會恁地, 雖有些放辟邪侈也退聽.

4)『性理大全』卷46: 只是內無妄思, 外無妄動.

5)『性理大全』卷46: 敬字本是箇虛字, 與畏懼等字相似.

6)「敬齋箴」: 正其衣冠, 尊其瞻視. 潛心以居, 對越上帝. 足容必重, 手容必恭. 擇地而蹈, 折旋蟻封. 出門如賓, 承事如祭. 戰戰兢兢, 罔敢或易. 守口如瓶, 防意如城. 洞洞屬屬, 罔敢或輕. 不東以西, 不南以北. 當事而存, 靡他其適. 弗貳以二, 弗三以三. 惟心惟一, 萬變是監. 從事於斯, 是曰持敬. 動靜不違, 表裏交正. 須臾有間, 私欲萬端. 不火而熱, 水氷而寒. 毫釐有差, 天壤易處. 三綱旣淪, 九法亦斁.

7) Wing-Tsit Chan, *A Source Book of Chinese Philosophy*, Princeton; Princeton Univ. Press, 1963, 참고

8) 錢穆,『朱子新學案』第2冊臺北: 三民書局, 民國60年, 298~335쪽.

9)『論語集註大全』「雍也」: 居敬二字, 始見於此, 遂爲千萬世心學宗旨, 仲弓之以德行稱有以哉.

10)『論語』「雍也」: 仲弓曰, 居敬而行簡, 以臨其民, 不亦可乎. 居簡而行簡, 無乃大簡乎.

11)『論語集註大全』「雍也」: 中有主, 則一, 自治嚴, 則收斂固, 事不煩, 則無鑿出之事, 民不擾, 則無不得所之民. 中無主, 則二三, 自治疎, 則滲漏多, 大簡, 則率易, 無法度之可守, 則或不免於猖狂妄行矣.

12)『論語集註大全』「雍也」: 中無主, 則二三, 自治疎, 則滲漏多, 大簡, 則率易, 無法度之可守, 則或不免於猖狂妄行矣.

13)『論語集註大全』「雍也」: 問: '居簡而行簡, 則有志大略小之患, 以之臨事, 必有怠忽不擧之處. 居敬而行簡, 則心一於敬, 不以事之大小, 而此敬有所損益也, 以之臨事, 必簡而盡.' 曰: '居敬, 則明燭事幾, 而無私意之擾, 故其行必簡.'"

14)『論語集註大全』「雍也」: 雙峰胡氏曰: "敬一心之主宰, 萬事之本根. 仲弓非特天資美, 亦學力之至.

15)『論語集註大全』「雍也」: 敬者, 一心之主宰, 而萬事之本根也. 仲弓之在聖門, 以德行稱者也, 夫子許之以可使南面, 是以其有人君之德而然也. 仲弓聞夫子之許已, 而未知其所以許之之意安在. 於是即其氣象之類, 已如子桑伯子者以爲問, 夫子以其可也簡許之. 而又曰: '居簡而行簡無乃大簡乎.' 其意以爲簡出於敬, 則其簡爲有本, 而每事順理而要直, 謂之可也, 固宜簡出於簡, 則其簡爲無本, 而遇事不免率意而疎略, 無乃簡之過乎. 仲弓之簡敬而簡者也. 伯子之簡, 簡而簡者也, 仲弓之簡, 固與伯子之簡異矣. 然其所以致是者, 非特天資之美, 亦其學力之至爾. 蓋他日嘗問仁於夫子矣, 夫子告之曰: '出門如見大賓, 使民如承大祭.' 此居敬之謂也. 又嘗問政於夫子矣, 夫子告之曰: '先有司, 赦小過, 擧賢才.' 此行簡之謂也. 居敬行簡, 其得於平日師友之所講磨者如此, 則可使南面, 固有所自來矣. 若伯子之不衣冠而處, 則有仲弓之資, 而無仲弓之學者也, 大簡之失, 不亦宜乎.

⊙ 윤용남 외 옮김, 「성리대전性理大典」, 학고방, 2018

'경敬' 사상을 비롯하여 성리학의 핵심을 집대성한 저술이다. 신유학新儒學이 강조하는 철학은 물론, 문학, 역사, 역학易學, 예학禮學, 정치, 교육, 음악, 천문 등에 대해 대유학자들의 학설을 대주제와 소주제로 분류하여 편집했다. 원래는 유학의 성경인 『사서오경』을 본질적으로 이해하는 데 도움을 주기 위해 편찬했으나 내용이 심오하고 조리 있게 정돈되어 신유학자(성리학자)들의 기본 경전으로 애독되었다. '경敬'과 관련해서는 제46권과 제47권의 「존양성찰存養省察」 부분에 자세하게 언급되어 있다.

⊙ 진순陳淳, 「자의상강字義詳講」 / 박완식 옮김, 「성리자의」, 여강, 2005 / 김영민 옮김, 「북계자의」, 예문서원, 1995

주자의 수제자급에 해당하는 북계北溪 진순陳淳(1157~1223)이 만년에 강학한 내용을 정돈한 책이다. 송나라 성리학자들이 주요하게 사용한 유학의 개념들을 사서四書 가운데서 선별하여 정리한 성리학의 입문서이자 사서의 지침서다. 사서 가운데 성性, 명命, 성誠, 경敬 등 26개의 범주를 제시하고 그것을 216개의 조목으로 해설하여 사전적 성격을 지니고 있다. 주자의 사서집주를 이해하는 데 매우 귀중한 저술이다. 13번째 범주인 「경敬」과 14번째 「공경恭敬」 항목을 참조하면 경을 이해하는 데 많은 도움을 준다.

⊙ 한형조, 「성학십도: 자기구원의 가이드 맵」, 한국학중앙연구원출판부, 2018

퇴계 이황의 『성학십도聖學十圖』를 현대적 시각에서 독해한 책이다. 『성학십도』의 원문에 대한 현토를 비롯한 현대어역과 축자역 그리고 풍부한 해설을 덧붙였다. 독해자는 사서四書를 위시한 유교 고전들, 동서고금의 다양한 사상가들의 지혜를 녹여 넣었는데 유학이 규범을 일방적으로 강요하는 윤리학을 넘어 치유와 성장의 비밀을 간직한 구원의 매뉴얼임을 강조한다. 특히, 경敬을 자각이나 명상을 통한 정신의 훈련과 효과의 차원에서 정리하여 새로운 관점을 더해준다.

⊙ 최재목, 「쉽게 읽는 퇴계의 성학십도」, 예문서원, 2004
퇴계 이황의 『성학십도』를 쉽게 풀이한 책이다. 경을 핵심으로 담고 있는 『성학십도』에 관해 일반적으로 번역한 저서와 달리 자세한 주해나 유학적 내용에 대한 고증을 생략했다. 대신 『성학십도』 10개의 도해에서 퇴계가 전하려는 학문의 본질에 대해 고민하고 현대성을 부여하려는 노력이 돋보인다. 대부분의 도해에서 '경敬'과 관련한 내용들이 스며있으나, 10개 그림의 하이라이트인 제9도 「경재잠도敬齋箴圖」를 주목해볼 필요가 있다.

⊙ 신창호, 「함양과 체찰」, 미다스북스, 2010
퇴계의 『자성록自省錄』을 통해 마음 공부법을 성찰한 책이다. 함양涵養과 체찰體察은 유교 가르침의 으뜸으로 심성을 올바르게 갈고 닦는 작업이다. 퇴계는 심성 공부를 날마다 반복하고, 그 앎이 완전히 자기의 것으로 확보될 때까지 몸으로 익혀야 함을 강조한다. 이를 위해 늘 지녀야 하는 마음 자세가 다름 아닌 경敬이다. 퇴계는 스스로 경의 자세를 지속하기 위해 자기 공부의 장치를 마련하는 형식으로 『자성록』을 만들었고, 후학들에게 전해주고 있음을 정돈하고 있다.

⊙ 김성태, 「敬과 注意」, 고려대출판부, 1989
서구의 심리학과 유학의 경敬 사상을 접목시켜 논의한 융합적 사유가 담긴 저술이다. 성숙 인격의 심리학을 추구하면서 참된 성숙 인격의 바탕을 유교의 '경' 사상에서 찾아 현대 심리학적 개념으로 설명하려는 시도다. 무엇보다도 현대 심리학에서 주목을 받고 있는 주의注意의 문제들을 정돈하고, 유교의

'경'을 객관적 인지를 수반하는 '주의집중'의 상태로 해석했다. 아울러 인문주의 심리학, 인지심리학, 심리 치료적 입장과 '경'사상을 견주어가며 논의하고 있어 경을 현대적 감각으로 이해하는 데 도움을 준다.

『書經』『周易』『禮記』『論語』『孟子』『大學』『中庸』『國語』『周易註疏』(孔穎達), 『通書』(周敦伊), 『易傳』『河南程氏遺書』『周易本義』『朱子語類』『大學或問』『論語集註』『論語集註大全』『孟子集註』『大學章句』『中庸章句』『字義詳講』(陳淳), 『讀書錄』(薛瑄), 『易經蒙引』(蔡淸), 『周易本義通釋』(胡炳文), 『性理大全』『周易折中』(李光地), 『退溪先生文集』『退溪全書』『聖學十圖』『自省錄』『朱子書節要』『南冥集』『學記類編』

葛晨虹, 『德化的視野 - 儒家德性思想研究』, 北京: 同心出版社, 1998

강희복, 「退·栗의 修養論에 관한 淺見」, 『율곡사상연구』 제12집, 율곡연구원, 2006

溝口雄三 外, 『中國思想文化事典』, 김석근 외 옮김, 민족문화문고, 2003

김기현, 「맹자의 성선설과 순자의 성악설에 대한 현대적 조명」, 『철학연구』 제79집, 대한철학회, 2001

김성태, 『敬과 注意』, 고려대출판부, 1989

김충렬, 『유가윤리강의』, 예문서원, 1994

김충렬, 『중국철학사』1, 예문서원, 1994

김충렬, 『中國哲學散稿』I, 온누리, 1990

박승현, 「맹자의 성선론과 도덕적 악의 문제」, 『철학탐구』 제26집, 중앙철학연구소, 2009

蕭 兵, 『中庸的文化省察』, 武漢: 湖北人民出版社, 1997

신귀현, 『퇴계 이황, 예 잇고 뒤를 열어 고금을 꿰뚫으셨소』, 예문서원, 2001

신창호, 『유교의 교육학 체계』, 고려대학교출판부, 2012

신창호, 「퇴계의 교육철학과 전통교육: 성학십도를 중심으로」, 『교육철학』 제

50집, 한국교육철학회, 2013

신창호, 『함양과 체찰』, 미다스북스, 2010

신창호, 『『대학』, 교육의 지도자 교육철학』, 교육과학사, 2010

신창호, 「儒學에서 '성誠'의 의미와 '경敬' 공부」, 『한국교육사학』 제24집, 한국교육사학회, 2002

신창호 외, 「退溪의 敬 공부 고찰」, 『동양고전연구』 제39집, 동양고전학회, 2010

아베 요시오, 『퇴계와 일본 유학』, 김석근 옮김, 전통과현대, 1998

楊祖漢, 『儒家的心學傳統』, 臺北: 文津出版社, 1992

楊澤波, 『孟子與中國文化』, 貴陽: 貴州人民出版社, 2000

윤천근, 『퇴계철학을 어떻게 볼 것인가』, 온누리, 1987

이가원 감수, 『맹자』, 홍신문화사, 1975

이명수, 「퇴계 이황의 심학에 있어 '敬'과 욕망의 문제」, 『유학사상연구』 제28집, 한국유학학회, 2007

丁冠之, 『孟子研究論文集』, 濟南: 山東大學出版社, 1994

정병련, 『중국철학연구』 I, 경인문화사, 2000

정순목, 『퇴계의 교육철학』, 지식산업사, 1986

錢穆, 『朱子新學案』 第2冊, 臺北: 三民書局, 1971

蔡茂松, 『退溪·栗谷哲學의 比較 研究』, 성균관대출판부, 1985

최재목, 『쉽게 읽는 퇴계의 성학십도』, 예문서원, 2004

최진덕, 「퇴계 성리학의 자연도덕주의적 해석」, 『퇴계의 사상과 그 현대적 의미』, 한국정신문화연구원, 1997

한형조, 『성학십도: 자기구원의 가이드 맵』, 한국학중앙연구원출판부, 2018

한형조, 『조선유학의 거장들』, 문학동네, 2008

P. Tillich, 『조직신학Systematic Theology』, 김경수 옮김, 성광문화사, 1986

D. M. Brown, 『궁극적 관심Ultimate Concern』, 이계준 옮김, 대한기독교서회, 1998

Wing-Tsit Chan, *A Source Book of Chinese Philosophy*, Princeton; Princeton Univ. Press, 1963

【 후기 】

 경敬에 관한 이 책의 원고를 탈고하고 한참이 지난 후, 나는 다시 경敬에
한 사유와 실천을 고민해보았다. 주변의 훌륭한 선후배 학자들이 의미
는 저술과 독해를 끊임없이 제공해준 덕분이었다.
 경을 인식하고 이해하는 현대적 시선은 대부분 '주의집중注意集中'과 상
했다. 그것은 '주시注視' 또는 집중하는 힘으로 발휘되면서 '마음공부'로
렴되었다. 그 지점에서 나는 내 마음을 다시 반추하며 세상에 실려 있는
를 보았다.
 아득했다! 사유는 굳건하나 실천은 온건했다. 우주자연에서, 인간세상
서, 시공간을 종횡으로 가로지르는 삶의 가늠자가 경敬일 수 있을까?
 다시,「경재잠敬齋箴」을 읽으며, 생각에 잠겨본다.

 복장을 단정히 하고 우러러 살피는 몸가짐을 존엄하게 가져야 한다.
 마음을 가라앉혀 깊이 생각하며 생활하고 진실한 존재를 대하듯이 조
스러워야 한다.
 걸음걸이는 중후해야 하고 손놀림은 공손해야 한다.
 길을 갈 때는 땅을 가려서 밟고 개미집이라도 돌아서 가야 한다.
 집 밖에 나가서는 손님 같이 하고 일을 맡아 할 때는 제사를 모시는 듯
한다.

조심하고 조심하여 조금이라도 소홀히 해서는 안 된다.

입 다물기를 주둥이 막은 병 같이 하고 사특한 생각 막기를 성을 쌓아 막는 것 같이 한다.

성실하고 한결같이 하여 조금이라도 경솔해서는 안 된다.

동쪽으로 간다고 하고 서쪽으로 가지 말고, 남쪽으로 간다고 하고 북쪽으로 가지 말아야 한다.

일을 할 때 정성을 다하고 다른 일에 마음을 두어서는 안 된다.

두 가지 일로 두 가지 마음을 갖지 말고, 세 가지 일로 세 가지 마음을 갖지 말아야 한다.

오직 마음을 한결같이 하여 모든 사물의 변화를 감찰해야 한다.

이와 같은 마음으로 일처리 하는 것을 '경敬을 지님'이라고 한다.

그러면 움직임과 고요함이 서로 어기지 않고 겉과 속이 바르게 된다.

잠깐이라도 경을 놓치면 사사로운 욕심이 여기저기서 일어나는 실마리가 된다.

불을 붙이지 않아도 뜨거워지고 얼리지 않아도 차가워진다.

또한 털끝만큼이라도 경에 어긋남이 있으면 하늘과 땅의 처지가 바뀌는 것과 같이 된다.

경敬을 공부의 알맹이로 인식했던 선학들의 배움과 21세기 첨단과학기술 문명을 소화해내려는 우리의 삶은, 어찌 보면 전혀 관계가 없는 것처럼 거리가 멀게 느껴진다. 정말 그렇다! 그럼에도 '경敬'의 자세가 전해주는 삶의 지침이 낯설지만은 않다.

무슨 힘일까?

그 보이지 않는 마음 공부법을 하나의 거울로 삼아, 우리 삶을 추스르
는 일도 의미가 없지는 않으리라. 이 시대를 함께 살아가는 많은 이가 세
상을 주시하고 집중하는 힘을 길러 아름다운 삶을 가꿀 수 있으면 좋겠다.

2018년 겨울

신창호

후기

경敬이란 무엇인가?

© 신창호

초판 인쇄	2018년 12월 18일
초판 발행	2018년 12월 27일

지은이	신창호
기획	한국국학진흥원
펴낸이	강성민
편집장	이은혜
편집	강성민
마케팅	정민호 이숙재 정현민 김도윤 안남영
홍보	김희숙 김상만 이천희

펴낸곳	(주)글항아리	출판등록 2009년 1월 19일 제406-2009-000002호
주소	10881 경기도 파주시 회동길 210
전자우편	bookpot@hanmail.net
전화번호	031-955-1936(편집부) 031-955-8891(마케팅)
팩스	031-955-2557

ISBN	978-89-6735-580-7 03100

이 도서의 국립중앙도서관 출판시도서목록(CIP)은 서지정보유통지원시스템 홈페이지(http://seoji.nl.go.kr)와 국가자료공동목록시스템(http://www.nl.go.kr/kolisnet)에서 이용하실 수 있습니다. (CIP제어번호 : CIP2018041019)